政党システム

岩崎正洋

日本経済評論社

IWASAKI MASAHIRO

PARTY SYSTEM

はしがき

本書のテーマは、「政党システム」である。なぜ「政党システム」なのか。「政治がいかなる時いかなる所においても、相反する価値や感情を含んでいることこそ、政治の本質であり、その固有の性質であり、その真の意義である」（Duverger 1964=1967：7）ならば、政治は対立のあるところでみられ、常に「賛成」か「反対」か、「受容」か「拒否」かという選択を行うことになる。たとえば、「高負担高福祉」か、それとも「低負担低福祉」かというように、ある争点をめぐり、いくつかの政党がそれぞれ異なる未来を描きながら選挙で競い合うことにより、相対立する選択肢が提示される。

政党は、人びとにとっての選択肢であり、受け容れられたり、拒否されたりすることによって、命運が左右される。同時に、人びとがどのような選択を行うかは、自らの命運を左右する。したがって、政党にとっては、多くの人びとから支持を獲得するために、どのような政策を示すかが重要になり、人びとにとっては、自らの価値判断や利益のために、どのような政策をもつ政党を選択するかが重要になる。政党は、政治の選択肢として、さまざまな政策的立場をとり、人びとは、多様な選択肢から「これだ」と思う一つを選択する。

政党システムは、今日に至るまで長きにわたり、このような政治の本質的な特徴を反映してきた。現代の民主主義において、とりわけ、第二次世界大戦後の先進工業民主主義諸国において、政党システムは、多くの共通点を示してきたし、共通の概念や分析枠組みによって観察可能であった。本書は、どこか特定の国の政党システムに焦点を絞り、ある特定の時期や出来事に注目しているのではない。いくつかの国名が挙げられているとはいえ、本書全体を通して、ある国の政党システムを分析しているわけではない。特定の政党システムというよりも、むしろ、多様な政党システムを対象とすることによって用いられたり、導き出されたりしてきた豊饒な知見をふまえている。

一九九九年に『政党システムの理論』を上梓してから二〇年が経つ。同書のもととなった論文を書いていた頃に、指導教授の白鳥令先生から受けた影響を今でも感じ、「若いときに誰に指導を受けるか」は大事なことだと痛感している。

本書のきっかけは、二〇一三〜二〇一四年の英国サセックス大学での在外研究の折に、ポール・ウェブ (Paul Webb) 教授の Political Parties and Party Systems という授業を聴講したことである。それが刺激となり、「もう一度、政党システムについて勉強しよう」という気持ちになった。二〇一八年にはポールが、二〇一九年にはトーマス・ポグントケ (Thomas Poguntke) 教授がそれぞれ来日し、私の勤務先で数回にわたる講義や研究報告を行ってくれたが、そこでの議論もまた有形無形に本書に影響を及ぼしている。

本書の執筆に際して、翻訳があるものは、基本的にそれを引用したが、全体の文脈に応じて手を加えている場合があることを記しておく。

原稿の段階で、網谷龍介（津田塾大学）、武藤祥（関西学院大学）、新川匠郎（神戸大学）、荒井祐介（日本大学）の各氏より、大変に貴重なコメントを受けたことに衷心より謝意を表したい。いずれも有益な助言であったが、さまざまな制約から応えきれなかった点が多々あるため、それらは今後に生かしていきたい。

日本大学助教の浅井直哉君からのサポートにも感謝している。

出版に際しては、企画の段階から刊行に至るまで、日本経済評論社の清達二氏に大変にお世話になった。本書がベテラン編集者の手によって上梓されることをうれしく、ありがたく思う。

間違いなく、家族も本書の完成には欠かせない存在であった。今回もまた感謝している。

二〇二〇年一月六日

岩崎正洋

目次

1 政党と政党システム

1 政党・政党システム・政党政治

政党システム（party system）とは何か。政党とは何かという問いに対しては、これまで数多くの議論がなされており、現時点において既に、豊饒な蓄積がみられる。それに比べて、政党システムとは何かという問いについては、それほどでもないようである。「政党システム」という概念は、ほとんどの場合に、政党に関連づけられてきたし、ときには「政党政治（party politics）」という概念にも関連づけられてきた(1)。政党と政党システムとの関係は、しばしば政党政治という括りで一緒に取り扱われたり、「政党」、「政党システム」、「政党政治」という三つの概念が明確に区別されずに用いられたりした。内容的に考えると、これらの概念が切り離せない関係にあることは明らかで

あるし、相互補完的な関係にあることは確かである。(2)

政党と政党システムとがかかわりをもっていることは明らかであり、政党についての定義づけがなされると、それが直ちに政党システムを定義したような気になり、政党システムとは何かが明確に規定されないまま、政党と政党システムとが論じられることがある。ある国の特定の政党に注目し、それだけに焦点を絞って論じたとしても、結果的に、その国の政党システムについて論じることになったり、個々の政党には注目せずに政党システムのタイプのみに注目したとしても、その国の政党政治の特徴を描き出すことになったりすることは珍しいことではない。政党研究において、このような研究業績を目にすることは、何ら不思議なことではない。

政党と政党システムとは異なるものであり、これら二つの概念は区別される必要がある。少なくとも「政党」イコール「政党システム」ではないし、これらを置き換え可能な用語として扱うことはできない。ときには、政党の定義によって政党政治を説明することができる場合があるかもしれないし、政党システムの定義によって政党政治を説明することができる場合があるかもしれない。しかし、政党政治という概念規定が政党という概念を規定できるとは限らないし、政党政治という概念が政党システムという概念を大雑把に説明できたとしても、政党システムを正確に定義づけるわけではない。

たとえば、自由民主党（自民党）という特定の一つの政党に注目して日本の「政党政治」について説明することは可能である。また、「政党」について考えるために、一つの事例として自民党に注目することも可能であり、一つのアプローチとしては適切である。しかし、他の政党に目を向けず、自民党だけに焦点を向けて、日本の政党システムを論じようとすることは正確に政党システムを捉えることができず、的確なアプローチであるとはいえない。自民党を含む日本の政党に注目し、選挙だけでなく、国会や内閣とのかかわりにまで視野を広げて政党の動きを追うことは、日本の政党政治を観察することである。「政党」、「政党システム」、「政党政治」という三つの概念は、厳密には異なっており、それぞれに類似した部分がみられるとしても、用語の使用法を誤ることのないように注意しなければならない。

2　政党とは何か

「政党」という概念は、政党研究における一つの大きな争点であり、これまでに多くの定義が示されてきた。そのうちの何名かの代表的な研究者による定義をみると、政党が現代政治における主要なアクターであることや、権力を追求している集団であることなど、そこには共通点がみられる。たとえば、バーク（Edmund Burke）は、「政党とは、全員が同意しているある特定の原理に基づき、共同の努力によって国家的利益を推進するために集まった人びとの集合体である」と定義した（Sartori 1976=2000: 15）。

シャットシュナイダー（E.E. Schattschneider）は、政党が現代政治の単なる付属物ではなく、現代政治の核心に位置しており、重要で創造的な役割を果たしているものとして位置づけ、政党とは、まず第一に、権力を獲得しようとする組織化された企図であると定義した（Schattschneider 1942=1962: 41）。

ダウンズ（Anthony Downs）は、「政党とは、正規に定められた選挙で、政権を得ることにより、政府機構を支配しようと努める人びとのチームである」（Downs 1957=1980: 26）と定義している。

エプスタイン（Leon D. Epstein）によれば、政党とは、所与のラベルの下で政府の公職保持者を当選させようとしているすべての集団のことである（Epstein 1967: 9）。

サルトーリ（Giovanni Sartori）による政党の定義は、「政党とは、選挙に際して提出される公式のラベルによって身元が確認され、選挙（自由選挙であれ、制限選挙であれ）を通じて候補者を公職に就けさせることができるすべての政治集団である」（Sartori 1976=2000: 111）というものである。

ここに挙げた定義をみるだけでも、政党という政治集団の特徴を把握できる。政党とは、一つの政治的な集団であること、集団には何らかの目的があること、それだからこそ一つの集団としてまとまることができるという点である。集団としてのまとまりには、イデオロギーや政党綱領、政策などについて、メンバー間の合意が必要になる。集団の目的とは、政治権力を獲得することである。そのためには、選挙で自分たちの政党に所属する候補者を一人でも多く当選させなければならず、政党にとっては、選挙が重要な活動の舞台となる。

政党は、選挙で多くの議席を獲得できれば、政権を獲得できるし、自分たちのイデオロギーや綱領に沿って、政策などを実施できる。政党が権力を手に入れようとするのは、ある理想的な社会を実現するためにとか、具体的な政策を実現するためにといったように、自分たちが何かを行うための手段として、権力を求めるといえる。同時に、権力を得ることにより、自らの存在が正統性（legitimacy）を帯びるのであり、権力獲得そのものが目的にもなる。つまり、政党にとって、権力獲得は手段であるだけでなく、目的でもある。この点は、政党と他の政治集団との決定的な違いとなる。

現代政治における主要なアクターには、政党以外にも国家をはじめ、内閣、首相、閣僚、官僚、議会、政治家、裁判所、地方自治体などの公式的なアクターや、利益集団（圧力団体）、ＮＧＯ、ＮＰＯ、市民運動などが含まれる。さらに、国外に目を向けると、外国の政府や国際機関、各国の首脳（首相や大統領など）をはじめ、さまざまなレベルでアクターがみられる。

たとえば、政党と利益集団とは似て非なる存在である。両者には、いくつかの共通点がみられるため、相違点が不明確になりかねない。しかし、両者は決定的に異なっている。まず、共通点を挙げると、政党も利益集団も選挙で活動しており、特定の候補者を支持するために選挙運動に大きくかかわっている。政党だけが候補者を擁立するのではなく、特定の利益集団が自分たちの利益を代表するような候補者を立てたり、自分たちの代表が当選できるように支援したりして、票の動員を行うこともある。

また、政党も利益集団もともに、政策の作成や実施において重要な役割を果たしている。政党は自らの政策を形成したり、実施しようとしたりするが、利益集団も自らの利益になるような政策がつくられたり、実施されたりするように政策決定過程に圧力をかけるなどして影響力を行使する。ほとんどの政党は、特定の政策だけを主張するのではなく、社会のありとあらゆる場面にかかわる政策を提示するが、利益集団は、自分たちに直接的にかかわるような特定の分野の政策に関与する。

両者の違いは、利益集団が自分たちの利益を表明するだけであるのに対して、政党は、社会における多様な利益を集約しようとする点にある。利益集団は利益表出機能を果たし、政党は利益集約機能を果たす。利益集団は、選挙での支援や政策過程に関与することにより、常に政治権力の周辺で行動するが、政治権力そのものを手に入れようとしないところに特徴がある。利益集団は、政治権力を獲得するのではなく、政治権力に影響力を及ぼそうとするだけであるのに対し、政党は、政治権力の獲得を目的としており、常に政治権力の中心に位置している。

その点からいえることは、両者の性格の違いである。利益集団は、私的な領域で活動しており、一貫して、私的な動機にもとづいて私的な利益を追求している。しかし、政党は、たとえば、個々の政治家が私的動機によって立候補するなど、そもそもの出発点に私的動機が含まれていたとしても、ひとたび選挙で当選し、正統性を付与された時点で、私的なアクターというよりも、公的なアクターという性格をもつようになる。それだからこそ、政党は利益集団と大きく異なるのであり、より主要な政治的アクターとして位置づけられる。

3　政党システムとは何か

それでは、政党システムとは何か。たとえば、デュベルジェ（Maurice Duverger）は、政党システム論の代表的な研究者の一人として名前が挙げられるが、政党システムを明確には定義づけなかった。彼は、「政党システムは、その国のさまざまの複雑な要因の産物である」（Duverger 1951＝1970：226）という指摘を行った程度である。彼が例として挙げた要因には、歴史的にみられた対立や選挙制度などがある。しかし、政党システムについて、はっきりとした定義づけがなされたわけではなかった。

それに対して、サルトーリは、政党だけでなく、政党システムも定義した。彼は、政党が複数の部分であるときに限り、システムの形成や作動に役立つと考えた。政党システムを一つのシステムとして捉えると、個々の政党は、システムを構成する要素であり、構成要素間の相互作用がシステムを形づくったり、動かしたりすることになる。

サルトーリによれば、政党システムとは、政党間競合から生まれる「相互作用のシステム」である（Sartori 1976＝2000：76）。この定義から明らかなのは、政党システムには少なくとも二つ以上の政党が存在しており、互いに競合していることである。政党間競合は、選挙だけでなく、議会や政府においてみられるし、政党が主要な政治的アクターであることから、現代において、民主主義と政党システムとが密接なかかわりをもっていることが理解できる。
ウェブ（Paul Webb）は、ある政党の組み合わせによって示される競争的かつ協力的な相互作用の特定のパターンとして、政党システムを定義している（Webb 2000: 1）。彼の定義は、政党間の相互作用として政党システムを捉えている点において、サルトーリの定義と共通点をもつ。二党制や多党制のように、政党システムのタイプにはバリエーションがあり、二党制には二党制なりの政党間競合のパターンがみられるし、多党制には多党制なりのパターンがみられることを意味している。政党システムにおいて政党同士の関係がみられることが前提になり、そこで繰り広げられる相互作用が政党システムのタイプを特徴づける。

ある国家が民主主義であるにもかかわらず、一党制であるということはない。かつて、ノイマン（Sigmund Neumann）が「一党制（le parti unique）はそれ自体において矛盾である」と指摘した（Neumann 1956=1961: 522）。政党が一つしか存在しなければ、政党間競合はみられないし、相互作用のシステムがもたらされることはない。一党制では、一つの政党が政権を担当し続ける可能性があり、一党制は同時に政党国家となる。一つの政党が国家を支配することにより、国家全体を覆い尽くす存在となるため、一党制を政党システムとして捉えることは適切ではない。

サルトーリも政党国家システムという表現によって一党制の事例を説明している。ノイマンもサルトーリも、ナチス党の事例を念頭に置いて政党国家について論じた（Neumann 1956; Sartori 1976）。本来、政党が「部分（part）」をなすものであり、一つの政党だけでどのように相互作用のシステムをつくり出すことができるかという問題につながる。単一政党が独裁的に支配を行う場合には、自党だけの存続を試みる。政党システムは、複数の構成要素からなる相互作用のシステムであり、一つの政党だけでシステムを形成することはできない。したがって、本書では、政党システムを複数の政党を構成要素とする相互作用のシステムとして捉えることとする。

この点は、政党システムの研究において、政党システムの類型化に関する議論に多くの注目が集まったことを理解するのに役立つ。政党システムのタイプを分けることにより、何が政党システムであり、何が政党システムと呼ぶには適さないかという判別基準が考えられるようになった。その結果として、政党システムという概念の定義づけが論争の的になるのではなく、政党システムのタイポロジーが一つのテーマになった。さらに、民主主義と政党システムとのかかわりは自明のこととなり、政党間競合が前提となり、複数政党の相互作用のシステムがどのように形成され、どのようなタイプがつくられ、どのように変化がみられるかという点が政党システム論の主要なテーマとなったのである。

4　民主主義と政党システム

ダウンズが『民主主義の経済理論』(*An Economic Theory of Democracy*) において展開した議論は、民主主義と政党システムとのかかわりを考える際の枠組みとして役立つ (Downs 1957)。彼の民主主義理論は、選挙において、政権獲得を目指して政党間競合がなされ、その結果として政権を手にした政党が政府を構成し、政策を実施するメカニズムを政党や有権者の「合理性」という視点から説明している。まず、ダウンズは、次に挙げる八つの点から民主主義的な政府について条件づけている（Downs 1957=1980: 24）。

1. 単独政党（または政党の連立）が、政府機構を運営するために、普通選挙により選出されている。
2. そのような選挙は、一定期間内に実施され、その期間は与党の単独行動では変えることができない。
3. 社会の永久居住権者であり、健全かつその土地の法律を遵守する成人はすべて、そのような選挙のどれにも投票する資格がある。
4. それぞれの有権者は各選挙において、一票かつ一票にかぎり投票できる。
5. このような投票の過半数の支持をうけた政党（もしくは連立政党）は、次の選挙までは政府権力を引き継ぐ資格が与えられる。
6. 選挙で敗れた政党は、勝利を収めた政党（もしくは連立政党）の政権掌握を、武力、もしくはいかなる非合法的手段によっても妨害しようとはしない。
7. 与党は、いかなる市民もしくは他の政党に対しても、武力で政府を転覆しようとしないかぎり、かれらの政治活動を制限してはならない。

8. 毎回の選挙で、政府機構の支配をめぐり、競合する二つの政党もしくはそれ以上の政党が存在する。

ダウンズによれば、政党は、合法的な手段で政府機構を支配しようと努める人びとの連合体であり、「正規に定められた選挙で、政権を得ることにより、政府機構を支配しようと努める人びとのチーム」である。政党を構成するメンバーは誰もが、チームの目標のすべてに合意し、同じ目標をもつ。ダウンズの理論において、政党は一枚岩的な存在として扱われ、個々の政党がそれぞれ一個の人格をもつ存在として位置づけられる。いずれの政党も政権獲得を目標としており、与党は再選を目標として行動し、野党は選挙での勝利を通じて政権獲得することを目標として行動する。

ダウンズによれば、政党は、政権を取ることに関心があり、よりよい社会なり理想的な社会を実現しようとすることに関心があるわけではない（Downs 1957=1980: 99）。政党は、政権獲得のための競争に際して、イデオロギーを武器として利用する。イデオロギーとは、「よい社会、およびそのような社会を建設する主要手段に関する言葉によるイメージ」とされる。ダウンズは、次のような命題を提示して、政党がイデオロギーを用いるとともに、有権者がイデオロギーによって政党選択を行うことに議論を結びつけている（Downs 1957=1980: 100）。

1. 不確実性のため、たとえすべての政党の動機づけが得票を最大にしたいということだけであったとしても、政党は種々多様なイデオロギーを採用するであろう。

2. 政策比較によってではなく、イデオロギーによっていかに投票するかを決定する合理的有権者もいる。

3. 激烈な政権抗争があるために、われわれのモデルにおける政党は、政策やイデオロギーを成文化したり、今後とも展開させるのに誠実かつ首尾一貫していなければならない。

4. 合理的かつ制度上の不動性のため、イデオロギーや政策が政党行動に関する現実の状況に後れをとることが時にはある。

ダウンズは、ホテリング（Harold Hotelling）やスミッシーズ（Arthur Smithies）によって考案された空間モデルをもとにして図1-1のように、左から右へかけて、〇から一〇〇までの直線尺度をとり、そこに政治的選好の順序づけを行った。左右の軸で示されるのは、イデオロギー的距離である。〇に近い方が左翼であり、一〇〇に近い方が右翼であるが、真ん中にあたる五〇は中道として位置づけられる。図1-2と図1-3は、二党制における政党と有権者との関係を示している。

まず、図1-2においては、尺度の各点に一〇万人の有権者がおり、有権者の選好は五〇を平均値として正規分布していると仮定される。政党Aは二五の点に位置し、政党Bは七五の点に位置しているとしても、それぞれが得票の最大化のために中央に向けて立場を移動すると考えられる。有権者の選好が単峰型に分布している場合は、二つの政党が中道寄りに収斂する。この点は、二党制において、政党間のイデオロギー的対立がなく、求心的（centripetal）競合がみられる事例を説明する。

それに対して、図1-3は、二党制において、政党がイデオロギー的に両極に分かれており、中

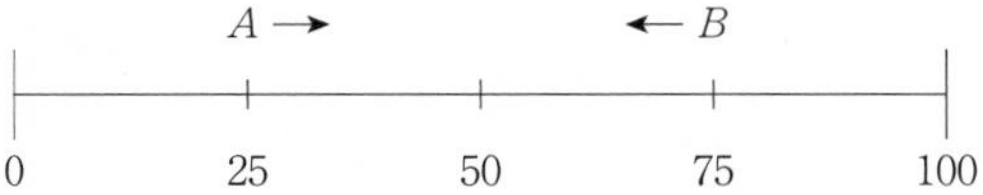

図 1-1

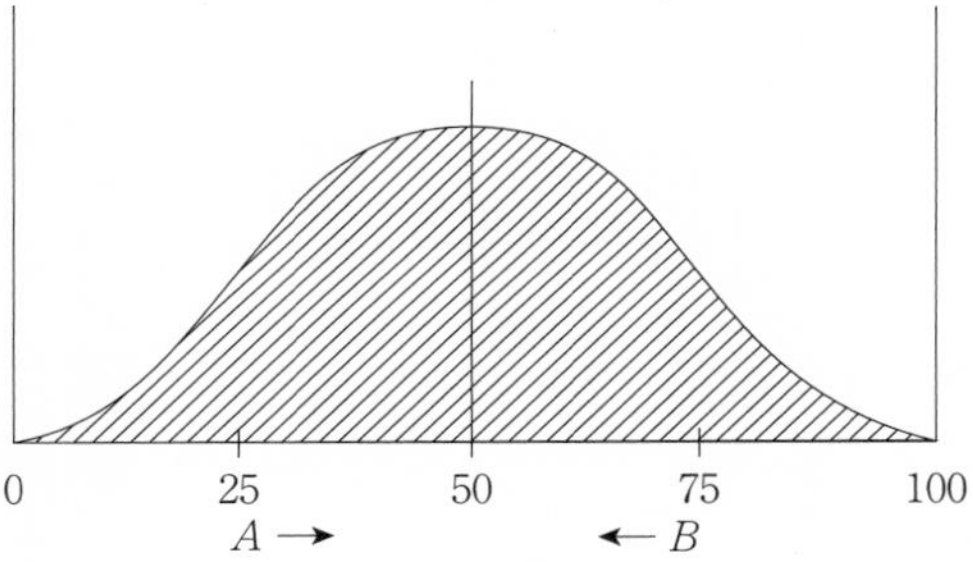

図 1-2

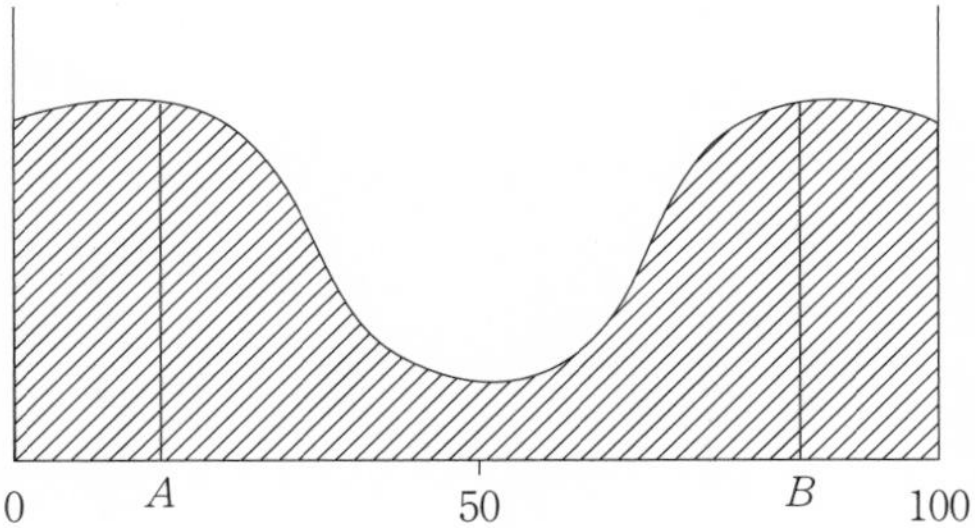

図 1-3

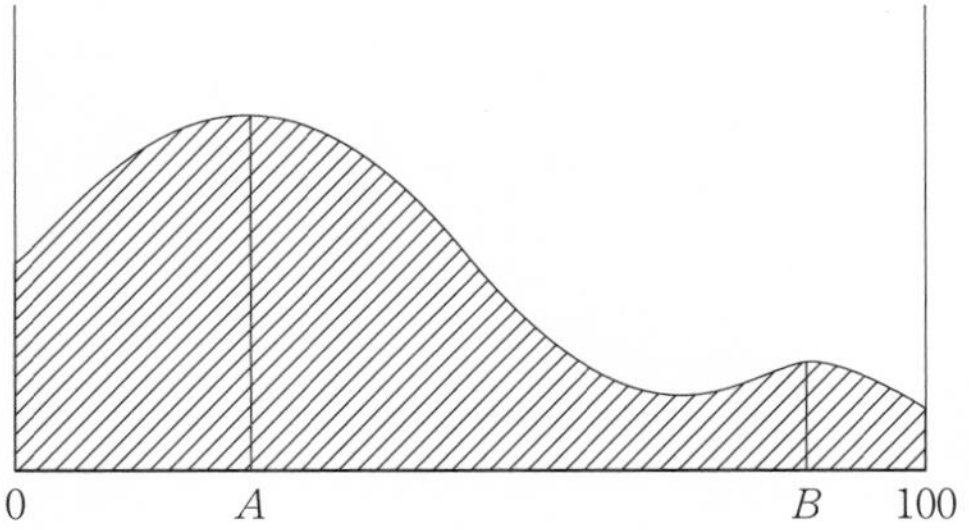

図 1-4

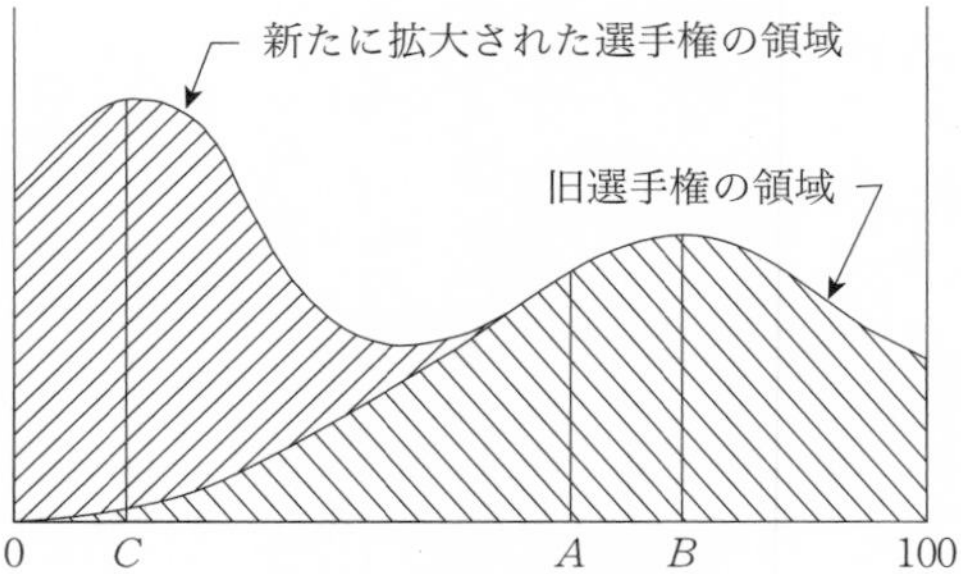

図 1–5

央に収斂しない場合を説明している。有権者の選好が双峰型に分布しており、二つの政党は異なるイデオロギーをもつ。この場合は、二つの政党が両極に位置しているところに特徴があり、二党制において遠心的（centrifugal）競合が繰り広げられていることに意味がある。もしも両党が類似の立場をとるようになると、両極に分布している有権者は、どちらの政党も支持しなくなる可能性があり、政党にとっては得票を拡大できず、有権者を棄権させてしまう可能性がある。有権者にとって、自らの選好に合わない政党を支持することは合理的ではなく、棄権することが合理的であるという判断につながるかもしれない。両党にとっては、両極に位置し、遠心的に競合していることにより、支持を失うことなく、得票最大化につながるならば、そのままの立場をとることが合理的である。

図1-4は、たとえば、ヨーロッパにおける選挙権拡大の歴史を想定すると理解しやすい。図は、ある社会において、相対立する二つの階級が存在し、人員分布は左右に分かれている状態を示している。左側に大きく偏っている峰は、下層の労働者階級の分布を意味し、右側の小さな峰は、上流階級を意味する。選挙が行われた場合に、その結果は、労働者階級が数的に圧倒的多数を占めてい

るため、左翼政権の誕生をもたらす可能性が高いことがわかる。実際に、ヨーロッパの普通選挙制導入においては、上流階級に所属する人びとが同様の懸念を抱いたのであった。

図1-5は、図1-4のバリエーションとして捉えられるが、新党の参入を説明している。新党が選挙市場に登場するのは、既存政党と有権者との間に芽を出し、既存政党の支持層の大部分を切り崩すことができると判断した場合であり、それに成功すると新党は存続できる。普通選挙制の導入により、選挙権が拡大し、労働者階級に新たに選挙権が付与され、彼らが有権者として選挙に参加するようになった。図1-5のCの峰は新たに拡大された選挙権をもつ労働者階級を意味する。労働者階級の参入により、有権者分布の中心は、かつての位置よりも左に転移した。既存政党AはBと比べると、左側に位置していたにもかかわらず、新党の参入により、新しい重心より右に移動した。新党Cの登場により、Aは右に移動したが、もう一つの既存政党Bの位置が以前からの有権者の多数を占める場所にあるため、Aは二つの峰の間に入ってしまい、支持を失う結果となる。

最後に、図1-6は、多党制を説明したものである。図1-2や図1-3は、二党制の単純なモデルを説明しているが、図1-6は、有権者が左から右にかけて一様に分布している状態を描いている。ここでは、有権者が尺度（XX′上）に沿って均等に分布し、有権者分布が多峰型の場合を想定しているが、多党制において、各党ともイデオロギー的な立場を鮮明にし、それぞれの立場を守ろうとする。この点は、二党制において、二つの政党が類似の立場に収斂する傾向を示すのとは異なり、多党制の一つの特徴として考えられる。

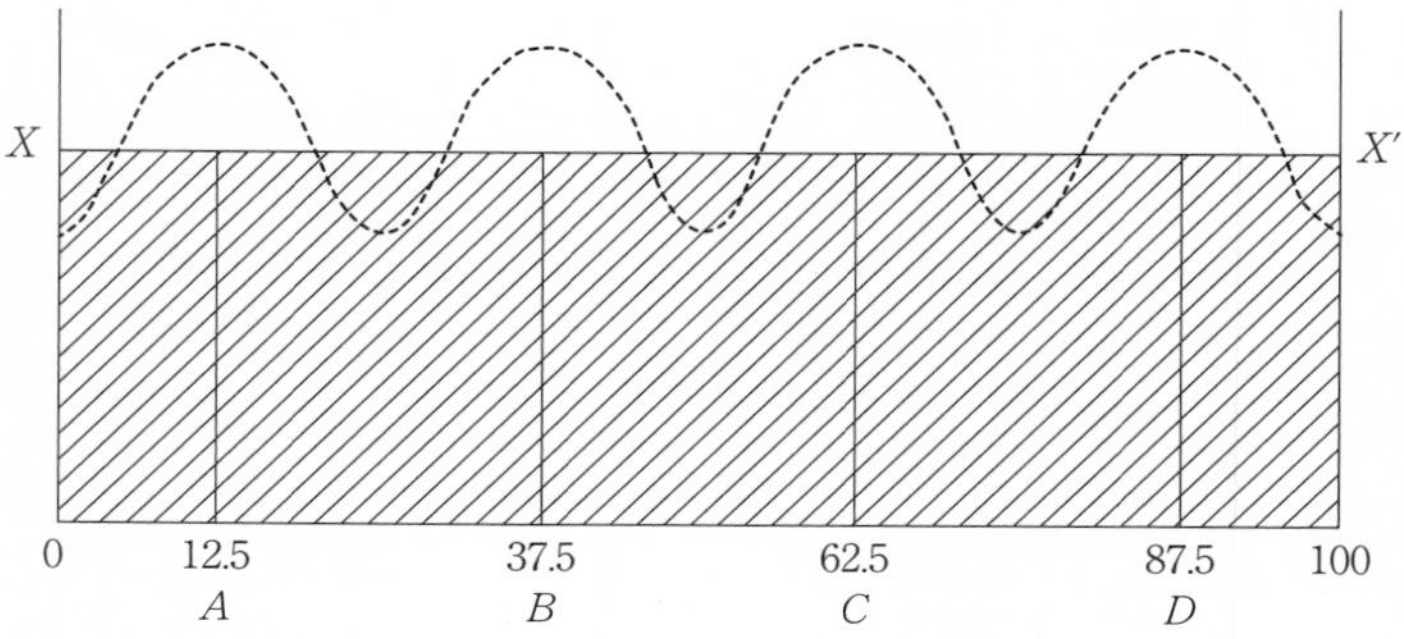

図 1-6

以上，出所：Downs 1957=1980: 120-132.

ダウンズの示した枠組みが半世紀以上前のものであるとはいえ、現在の政党システムについて考えるための手掛かりとしては今でも有効である。もちろん、政党システムにおける政党の位置づけを横一直線で示される「左右」の一次元的な軸だけで捉えるのではなく、縦軸として、「物質主義－脱物質主義」や「GAL-TAN」などの違いを説明する軸を追加し、縦横の二次元的な軸によって捉える必要性が指摘されている。たとえば、ヨーロッパの政党システムに限定しても、EUと政党システムとのかかわりや、ヨーロッパ危機の影響などをふまえて、政党システムにおいてみられる変化を捉える必要がある（Lisi 2018）。政党システム変化が世界的にみられ、さまざまな視点から政党システムを説明するには、ダウンズのモデルのようなかたちで民主主義と政党システムとのかかわりをながめるだけでは、もはや不十分である。そのためには、一方で、これまでに蓄積されてきた政党システム論を幅広く、体系的かつ正確に把握しておく必要があるが、同時に、他方では、常に変化する現実にも目を向けておく必要がある。

5　本書の構成

政党システムについて考えるには、政党や政党システムを定義づけるだけでなく、たとえば、システム内に存在する政党の数や、政党の得票率や議席率などをもとにして政党の規模を考慮したり、選挙や議会での政党の数を測定したり、選挙ごとの政党の勢力変化に注目したりすることで、より正確に政党システムの姿を明らかにしようというアプローチがみられる（Rae 1967; Laakso and Taagepera 1979; Pedersen 1979; 1983; Pennings and Lane 1998）。これらの方法によって各国のデータが実証的に分析され、政党の数や勢力の違い、選挙結果にともなう政党システムの変化などが明らかにされてきた。

政党システム変化に関する先行研究に焦点を向けると、政党システム変化をどのように捉えるかをめぐって数多くの見方があり、「政党システム変化」という概念そのものについての合意すらみられない（Lisi 2018）。また、バルディ（Luciano Bardi）とメア（Peter Mair）は、政党システムを多次元的に捉える必要があることを指摘し、「垂直的」、「水平的」、「機能的」な三つの次元から理解しなければならないとしている（Bardi and Mair 2008）。

政党システムは、政党研究における一つの主要なテーマであり、これまでに数多く議論が蓄積されてきた。以下の各章では、政党システムをどのように捉えることができるかについて、これまでの政党システム論に言及しながら、さまざまな論点に目を向けていく。本章に続く第2章では、政党システムのタイポロジーに注目する。高等学校の社会科の教科書においてさえ、「一党制」、「二党制」、「多党制」という政党システムのタイポロジーについての説明が書かれているが、実際には、政党システムを三つのタイプに限定することはできない。ある時期まで、政党システム論は、政党システムのタイポロジーをめぐって展開してきたため、第2章では、政党システムのタイポロジーを取り扱う。

第3章は、政党システムの形成に焦点を絞り、政党システムを形成する要因について論じる。政党システムの形成には、制度的要因や、非制度的な要因も影響を及ぼす。制度としては、選挙制度が政党システムの形成に影響を及ぼすという議論がみられるが、ここでは、まず、選挙制度が政党システムの形成要因であるという議論に目を向け、その適否も含め解説する。次に、非制度的要因として、社会的亀裂をとり上げ、社会的亀裂と政党システムとのかかわりについて論じる。

第4章は、政党システムの変容を取り扱う。政党システム変化が注目されるようになったのは、一九八〇年代以降のことである。それまでは、政党システムが「凍結」したもの、あるいは「安定」したものと考えられていたが、第二次世界大戦後の時間の経過とともに、政党システム変化は先進工業民主主義諸国に共通してみられるようになり、政党システム論の主な関心は、政党システム変化に向けられるようになった。今日では、政党システム変化が政党システム論の中心的な課題になっている。これまでにどのような論点が示され、どのようなアプローチが展開されてきたかについて、第4章では取り扱う。

第5章は、それまでの議論をふまえ、一党優位政党制に焦点を絞っている。一党優位政党制とは、政党システムのタイポロジーにおいて提起された概念であり、政党システムの一つのタイプであるが、具体的な事例の一つとして、日本の政党システムが挙げられる。そこで、第5章では、日本の政党システムを考えるための手掛かりとなるように、一党優位政党制そのものに焦点を絞り、このようなタイプの政党システムの特徴を考えることとする。

第6章は、連立政権を取り扱う。一九九三年以降、日本でも連立政権が常態化した。従来、連立政権と政党システムとのかかわりは、ヨーロッパの政党政治を考える際に、欠かせない論点であったが、今日では、日本の事例を考える際にも必要な視点となっている。連立政権論は、それだけで十分な研究蓄積があるため、政党研究とは一定の距離がみられる。連立政権には政党システムが密接にかかわっていることを考えると、連立政権論と政党研究との距離が近づいたり、相互に研究蓄積を活用したりすることで、さらなる視点の広がりが期待できる。両者を架橋するための第一歩として、第6章を位置づけることができる。

第7章では、政党衰退論以降の政党政治を論じた議論に注目する。第7章では、二つの議論に注目する。一つは、カルテル政党論であり、もう一つは、大統領制化論である。一九七〇年代以降、政党の衰退ないし政党政治の終焉が叫ばれたにもかかわらず、政党は消滅することなく存在している。同時に、政党システムも変容しつつ、存続している。政党衰退論後に提起され、不動の地位を占めるようになった二つの議論は、ポスト政党衰退論として捉えることができるだけでなく、政党政治の現在を説明するのに有力なものである。

最後の第8章は、本書の総括としても位置づけられるが、政党政治と民主主義の変容について取り扱う。政党政治が政党や政党システムを包含しており、現代の民主主義が政党政治と切り離せない関係にあることから、第8章において、両者の関係について、これまでに展開されてきた政党研究を整理しながら改めて概観することには意味がある。本書が主に目を向けるのは、政党システムであるが、政党システム論が政党研究の一部であり、民主主義をめぐる議論とも親和性をもつことから、第8章での議論を本書のまとめとして位置づけることにより、本書のさらに先にある地平を考えることができるように思われる。

注

（1）政党研究において、政党政治（party politics）という用語は、しばしば使用されているが、「政党政治」を一つの概念として明確に定義している場面をあまりみかけない。例外的に、たとえば、岡沢憲芙が「政党政治とは価値の権威的配分過程で政党が決定的役割を演じている政治形態と表現できる」と述べている（岡沢 1988: 31）。また、「政党政治とは、一般に政党が政治の運営において主導的な役割を果たし、政治過程における中心的な存在となっている政治を意味する」という説明もある（川人・吉野・平野・加藤 2011: 5）。

（2）この点を考慮して、ここでは、「政党政治」を「政党が生息する領域」として位置づけ、具体的には、「選挙、議会、政府、社会などを政党の生息領域として位置づけられる」ものとし、限定的に規定せずに捉えることとする。

2 政党システムのタイポロジー

1 類型化の基準

「一党制」や「二党制」、「多党制」などのように、各国の政党システムについて、それぞれの特徴に応じていくつかのタイプに分け、類型化を行ったものが政党システムのタイポロジー（typology）であり、二〇世紀半ばから後半にかけては、政党システム研究の最も中心的なテーマの一つであった。政党システムのタイポロジーが主に注目した点は、政党の数と競合のパターンであった。

まず、政党システムにおいて、政党がいくつ存在しているかという問題がタイポロジーにおける一つの論点であった。たとえば、ある国において政党が一つしか存在しなければ、そこでの政党システムは一党制として捉えられた。政党システムに二つの政党が存在して競合していれば、二党制として捉えられ、三つ以上の政党が競合している場合には、数の多寡に関係なく、すべて多党制として捉えられていた。三党による競合であれ、一〇党による競合であれ、政党システムのタイプは一括りに「多党制」とされた。しかし、政党システムのタイプが「一党制」、「二党制」、「多党制」の三つにしか区分されないのでは、実際に世界に存在する多様な政党システムの形状を適切に説明することはできないし、三つ以上をすべて「多党制」という一つのタイプにまとめてしまうことは精緻さを欠いた議論となってしまう。

政党システムのタイポロジーにおいては、政党の数に注目しながらも、単に「一党制」、「二党制」、「多党制」という三類型にしばられることなく、二党制や多党制のバリエーションに関する類型化が試みられ、二党制のサブタイプや多党制の他のタイプが提起された。政党システムにおいて競合する政党の数に注目するだけでなく、政党間競合のパターンにも目を向けることは、異なるタイプの政党システムを説明可能にする。たとえば、二党制における二つの政党にほとんど差異がなく、類似の政策やイデオロギー的な立場を示す場合は、二党が中道寄りの求心的競合を繰り広げる可能性があるが、それとは逆に、二党が全く異なる政策やイデオロギー的立場を示す場合には、それぞれの政党が中道から離れ、お互いが極端な主張を掲げて遠心的に競合する可能性がある（Downs 1957)。

政党の数が二つであることから二党制として捉えられたとしても、そこで展開されている競合のパターンが異なると、政党システムのタイプは全く異なってくる。二党間でさえ大きな差異がみられるとしたら、多党制においても、競合のパターンに差異が生じ、複雑な競合のパターンが繰り広げられる可能性がある。政党間競合のパターンは、それがみられる政党システムを特徴づける。これまで政党システムのタイポロジーは主に、政党の数に注目してきたが、数と政党間競合のパターンとが関係していることから、競合のパターンに注目することも必要である。

2 デュベルジェの三類型

政党システムの三類型は、デュベルジェによる『政党』(*Les Partis Politiques*)において体系的に論じられている。(1) 同書は、一九五一年に刊行された。デュベルジェは、同書で示した三類型において、「全体主義体制と一党制の間」と「民主主義と多党制の間」には対応関係があり、一党制と多党制との間には明確に異なる特徴があり、両者が正反対であるという事実を比較すると、「二党制と多党制の間の著しい違いは、大して重要ではなくなる」と指摘し、政党システムの三つのタイプを位置づけている (Duverger 1951=1970: 229)。

三類型において最も大きな違いは、一党制か否かという点であり、それに次いで、二党制と多党制との違いが挙げられる。一党制か否かという点は、政党システムが競合的であるか否かという区分でもあり、政党間競合がみられるシステムか否かが一党制と他の政党システムとを分ける基準になる。この点は同時に、政党が一つしか存在しないのか、それとも二つ以上が存在しているのかということを説明する。政党が一つしか存在しなければ、そこで政党間競合が繰り広げられる可能性はみられないが、二つ以上の政党が存在するときには、さまざまな政党間競合のパターンが予期される。

デュベルジェは、二党制と多党制とでは政党の数が異なるため、それぞれ競合のパターンが異なっており、単独政権となるか、それとも連立政権となるかという点に二つのタイプの違いをみている。二党制は「現実的な意味で単に二つの政党が議席を分かち合う」のであり、「一つの党は完全に政府の責任を負っており、他の党は反対党として批判の表明にその行動が限定される」のに対し、多党制では「相当な困難のなかで、議会の多数が基礎をおく不安定な政党間の同盟を維持する必要にかられると同時に、その同盟の内部的な分裂によって無力化したままで、首相を作り出さなければならない」のである（Duverger 1951=1970: 230）。

デュベルジェは、二党制が「アングロ・サクソン特有の現象である」と一般的に考えられており、「こういった見解はほぼ真実に近い」と述べている(2)。彼は、米国やイギリスの歴史的な経緯をふまえながら二党制について説明している。彼自身が政治の本質をギリシア神のヤヌスのごとく捉えていることに関連して(3)、政党システムも同様に捉えていることが「二党制は事物の本質に一致するように思われる」という指摘から明らかになる（Duverger 1951=1970: 238）。デュベルジェによれば、政治は常に「賛成」か「反対」か、「受容」か「拒否」かという選択の問題に直面するのであり、二元主義をともなう。

二党制も同様に、一方の立場にある政党と、もう一方の立場にある政党との間の対立から成り立っており、それが政党間競合を形づくっている。政治における選択は、いずれか一方の政党のみが選択される。それぞれの政党は、議席を獲得し、政権を手に入れるために競合しているのであり、一国を「統合」するために「闘争」している。政党間競合においては、「統合」のための「闘争」を避けて通ることはできない。デュベルジェによれば、政治の本質は、「統合」と「闘争」という二つの側面を同時に内包しており、常に対立を含んだものとなる（Duverger 1964=1967）。そう考えるからこそ、彼は、相対立する二つの選択肢の間に「中間」が存在することを認めない。この点に関して、やや長くなるが、以下にデュベルジェの言葉を引用しておく（Duverger 1951=1970: 238）。

政治上の選択は通常、二者択一の形式をとる。政党の二元主義は常に存在するものではなくして、通常は大部分が、傾向の上での二元主義なのである。あらゆる政策は、二種類の解決方法のうちの、一方を選択するということを意味している。つまり、いわゆる妥協による解決方法というものは、どちらかの方法にかたよることになる。このような場合には、中間の立場というものは、政治の世界では存在しないのであるというのに等しい。すなわち、中間政党は、十分に存在はするが、しかし、中間の傾向や、中間の原理は存在しない。すなわち、「中間」(centre) という言葉は、相対立した二つの穏健派が遭遇した場合、幾何学的図形の地点で適用される概念である。つまり右翼の穏健派と左翼の穏健派の場合である。あらゆる「中間」は、内訌を生じ、二つの政党が二等分されることになる。〝左翼－中間〟と〝右翼－中間〟である。というのは、「中間」は、左翼の右派と、右翼の左派の不自然な、人為的な集団化以上のなにものでもないからである。「中間」の運命は、きれぎれに引き裂かれることであり、打ちのめされることであり、また、絶滅せしめられることである。つまりその半分のうちの一方が、右翼または左翼に投票するときに、きれぎれに引き裂かれる。それが一つの集団として、最初に右翼に次に左翼に投票をするときに、打ちのめされることになる。また投票を差控えた際には絶滅されることにもなる。「中間」の夢は、お互いに矛盾する二つの抱負とか立場の総合を成就することである。しかしながら、総合は、たんなる同意見の一つの自乗である。行動は選択を含み、政治は行動を含んでいる。

二党制が政治の本質をよく反映しているというデュベルジェの指摘は、彼の政治的問題意識にもとづくものであり、彼自身のオリジナリティを明確に示した部分として理解することができる。二党制に関する彼の考えをふまえて多党制に関する議論に目を向けると、彼の主張の一貫性が明らかになる。

デュベルジェによれば、多党制は西欧諸国の特徴とされる。彼が二党制を「真実に近い」ような「アングロ・サクソン特有の現象」と表現したことを思い起こすと、多党制に関しては、控えめな説明に留まっている。多党制という括りには、三つ以上の政党が競合している多様な事例が含まれるため、多党制についてのタイポロジーを確立することは困難であるという。事実上、三つの政党による競合のみの事例と、小党乱立により無数の政党間競合が繰り広げられる事例とを同じ多党制という括りで理解することは適切ではないし、それぞれの特徴を捉えようとするには、多党制という視点からでは困難である。

二党制は、多党制につながる契機を内包している。デュベルジェは、一つの政党内部における対立によって勢力が分裂した場合には、多党制への道が開かれるようになるという（Duverger 1951＝1970：253）。あらゆる政党内部に穏健派と極端派、融和派と非妥協派、現実派と観念派、平和論者と主戦論者が存在する。たとえば、保守主義者と社会主義者との対立は、そのまま保守主義政党と社会主義政党との対立を形づくり、二党制は二つの政党の対立を反映する。その限りにおいては、二党制が形成され、二党制が維持される。しかし、一つの政党内部に極端な保守主義者と穏健な保守主義者とが同時に存在している場合に、両派の対立が激化し、極端派ないし穏健派が政党を割って出て行くとともに、新しい政党を結成するなどして、党の分裂が引き起こされた場合には、政党システムにおける政党数が増加する。その結果として、既存の二つの政党による対立にもとづく二党制ではなく、新党を含む三党による「多党制」となる。

政党の分裂は、中間政党を生み出す可能性がある。デュベルジェによれば、新たに誕生した政党は「中間政党」に過ぎない。彼は、「中間の意見や中間の傾向や、右翼あるいは左翼の原理から本質的に分離する中間の原理というものは存在しない」と考えるのであり、「かりに、既成の自由党

（二党制のうちで左翼側にある）が、自由主義派と急進主義派に分裂する場合には、前者が中間政党といったものになる」のだし、同様に、「保守党が穏健派と過激派に分かれたときにもおきる」と指摘している（Duverger 1951＝1970：254）。

西欧諸国の歴史をみると、政党数にもとづいて「三党制」、「四党制」、「小党分立制」などという表現が可能だとしても、それらは一括して「多党制」とされる。デュベルジェによる政党システムのタイポロジーにおいて、二党制と多党制との区分にあまり議論が費やされないのは、二党制に関する問題意識が根底にあるからであり、デュベルジェの発想からすれば、二党制のバリエーションとして多党制を捉えることすら可能であるといえるのかもしれない。

最後に、一党制に注目する。デュベルジェは、二〇世紀前半に共産党やファシズム政党などによる支配がなされた経験にもとづいて、一党制を説明している。彼によれば、「通常、一党制（単独政党制）というものは、二〇世紀の偉大な政治上の新機軸として考えられる」[4]のである（Duverger 1951＝1970：278）。彼の考える一党制は、民主主義に起源をもつものである。民主主義において登場した一つの政党が支配政党の地位を獲得した結果として、他の政党に対する抑圧がなされ、単独政党による支配に正統性が付与されるようになる。これらの一党制は、共産党型一党独裁制とファシスト型一党独裁制とに分けられる。ソ連における共産党と、イタリアやドイツにおけるファシスト政党とでは全く異なる政党組織の構造を有しており、支配の原理も異なっている。

政党システムのタイポロジーにおいて、政党の数という点からみると、一党制は一つの政党のみが存在し、支配しているようなタイプとして捉えられる。さらなる類型化を行うには、それぞれの一党制がもたらされた歴史的な経緯や、共産党とファシスト政党との違いなどについても考慮に入れ、それぞれの特徴をふまえる必要がある。

3　二党制と多党制のバリエーション

デュベルジェによる政党システムの三類型が提示された後、一九六〇年代以降には、特に二党制と多党制に関する他の見方が示されるようになり、二党制のバリエーションや多党制の細分化などを行ったタイポロジーが提起された。たとえば、代表的な論者として、ダール（Robert A. Dahl）、ブロンデル（Jean Blondel）、ロッカン（Stein Rokkan）などの名前が挙げられる。

ダールは、政党システムにおける競合のパターンという点から二党制と多党制の特徴づけを行った（Dahl 1966）。ブロンデルは、政党システムにおける主要政党の存在を念頭に置きつつ、二党制と多党制のバリエーションを提示した（Blondel 1968）。ロッカンは、ヨーロッパの小国における政党システムを類型化した（Rokkan 1970）。彼らの議論は、いずれも政党の数に注目して政党システムのタイプを分けているとはいえ、デュベルジェの類型よりも政党システムにおける競合性を意識した議論になっている。以下に彼らの議論の概略を紹介する。

まず、ダールは、民主主義における政府の反対者（opposition）として政党の存在に注目した。一党制においては、政党が一つしか存在せず、反対党（野党）の存在が認められていない。二党制では、一方の政党が政権を担当するのに対して、もう一方の政党は野党として政府の敵対者という役割を果たす。多党制においては、複数の政党が野党として存在する。ダールは、野党の存在に焦点を向けることにより、政党システムにおける政党間競合にはどのようなパターンがみられるかを明らかにするために、一つの組織としての政党内部のまとまり（換言すると、凝集性）を一つの尺度とし、さらに、二党制と多党制との違いをもう一つの尺度として、次のような四つの組み合わせを示した。

第一に挙げられるのは、高い凝集性をもつ政党がみられる二党制である。たとえば、イギリスの政党システムが該当する。第二に、あまり高くない凝集性の政党がみられる二党制が挙げられる。たとえば、米国が事例として挙げられる。第三に、スウェーデン、ノルウェー、オランダのように、相対的に高い凝集性をもつ政党がみられる多党制である。第四に挙げられるのは、イタリアやフランスの事例のように、低い凝集性の政党がみられる多党制である。

各国の政党システムにおいて、政党はそれぞれ異なる戦略をとる。そのため、政党間の競合も政党の戦略によって影響を受ける。たとえば、二党制における二つの政党は、ゼロサムゲームのように、厳密な競合を展開する。選挙において、政党は相手が票を失い、自らの得票が増えるように互いに戦略を練る。ダールは、政党間競合のパターンが二党制においてみられる「厳密な競合」ばかりではないと指摘し、表2-1のように、六つのシステムのタイプを挙げている。

表 2-1　競合，強調，癒合：政党システムのタイプ

	野党		
システムのタイプ	選挙	議会	事例
I. 厳密な競合	厳密な競合	厳密な競合	イギリス
II. 協調的な競合			
A. 二党制	厳密な競合	協調的な競合	米国
B. 多党制	協調的な競合	協調的な競合	フランス，イタリア
III. 癒合的な競合			
A. 二党制	厳密な競合	癒合	オーストラリア，戦時のイギリス
B. 多党制	協調的な競合	癒合	
IV. 厳密な癒合	癒合	癒合	コロンビア

出所：Dahl 1966: 338.

ここではまず、「厳密な競合」、「協調的（co-operative）な競合」、「癒合的（coalescent）な競合」、「厳密な癒合」という四つにシステムのタイプを分け、さらに、「二党制」と「多党制」に分けてそれぞれのサブタイプを設け、合計で六種類のタイプを示した。サブタイプは、「協調的な競合」と「癒合的な競合」について設けられている。具体的に挙げると、「協調的な競合」がみられる二党制と「協調的な競合」がみられる多党制、「癒合的な競合」がみられる二党制と「癒合的な競合」がみられる多党制である。

横軸において、選挙における反対党（野党）の存在と、議会における反対党（野党）の存在、さらに、具体的な事例として国名が示されている。ダールは、選挙での政党間競合と議会での政党間競合との両方を示すことによりシステムのタイプを特徴づけており、反対党の存在に注目して政党間競合の特徴を明らかにした。デュベルジェの三類型との違いという点でいえば、ダールの貢献は、政党システムの競合性をデュベルジェよりも意識し、具体的に「反対

党」の存在に目を向けたことであり、二党制や多党制のバリエーションを見出そうとしたところにある。

次いで、ブロンデルは、政党の数、政党の強度、政党間のイデオロギー的距離などの点から政党システムのタイポロジーを示そうとした。彼は、二党制と多党制のそれぞれをさらに細分化し、二党制をさらに二つに、多党制もさらに二つに分け、合計で四つのタイプを提示した。

ブロンデルは、まず、政党の数という点から議論を始めて、政党システムにおける主要な二つの政党が獲得している得票率に注目した。彼は一九四五〜六六年の全一九か国を対象にし、主要二党の得票率が平均して①約九〇％以上、②七五〜八〇％、③全体の約三分の二、④全体の約半分という区分にしたがって四つに類型化した。①に該当するのは、米国、ニュージーランド、オーストラリア、イギリス、オーストリアの五か国であり、二つの主要政党の得票率の合計が平均して約九〇％であるという点から「二党制」として位置づけられる。②は、西ドイツ、ルクセンブルク、カナダ、ベルギー、アイルランドの五か国である。これらの国もまた主要二党で約七五〜八〇％を獲得していることから、ひとまず「二党制」として位置づけられる。

③は、デンマーク、スウェーデン、ノルウェー、イタリア、アイスランド、オランダの六か国が該当する。主要二党が約三分の二の得票率を占めるとはいえ、残りは他の政党が獲得しているため、二党制ではなく、「多党制」として位置づけられる。④には、スイス、フランス、フィンランドの三国が該当し、主要二党は約五〇％しか獲得せず、それ以外の政党の存在により「多党制」として

位置づけられる。

ブロンデルが次に目を向けたのは、政党の強さである。多くの事例が①と②に含まれるが、それらに注目して主要二党間の勢力の差を示している。たとえば、米国は、二つの政党のうちで一方の得票率が四九％であるのに対し、もう一方の政党は五〇％であることを示しており、二党間の勢力の差が一％であることを示している。ドイツは、一方が四五％であり、もう一方が三五％であり、両者の差は一〇％である。ドイツ、カナダ、ベルギー、アイルランドでは、主要二党の得票率の差が一〇％前後であり、アイルランドは一七％の差である。二党間に勢力の違いがほとんど見られない場合は、両党の強さに差がないと考えられる。

しかし、両党間の強さに差がある場合は、その差に該当する部分を他の政党が獲得していると考えることができる。たとえば、ドイツでは、第一党の得票率の平均が四五％、第二党は三五％であるため、勢力の差は一〇％になる。主要二党の得票率は、合計で八〇％であるが、残り二〇％は他の政党が獲得している可能性がある。そう考えると、米国、ニュージーランド、オーストラリア、イギリス、オーストリアを二党制として扱うことができたとしても、ドイツ、カナダ、ベルギー、アイルランドを二党制として扱うことはできない。そこで、ブロンデルは、二党制のバリエーションとして、「二か二分の一政党制」というタイプをつくり出した。

また、多党制についてもサブタイプを設けている。多党制の場合は、「一つの支配的な政党のある多党制」と「支配的な政党のない多党制」という二つに分けられる。前者は、二つの主要政党が全体の三分の二の得票率を占めているとはいえ、そのうちの一つの政党が支配的な場合であり、残り三分の一の得票率は他の政党によって占められているような多党制を意味している。これに該当するのは、デンマーク、ノルウェー、スウェーデン、アイスランド、イタリアであり、主にスカンジナビア諸国の政党システムにおいてみられる。

それに対して、支配的な政党のない多党制では、主要二党で約五〇％の得票率を占めており、他の政党が残りの得票率を占めているが、一つの政党のみが他の政党よりも優位な地位を占めることができるほどの勢力をもたない場合を意味している。具体的には、オランダ、スイス、フランス、フィンランドが挙げられる。複数の政党が互角に勢力争いを行っているという意味からすれば、このようなタイプの政党システムを文字通りの多党制として捉えることができる。

ブロンデルは、政党の数と政党の強さをふまえ、表2-2のように、西欧諸国における政党システムのイデオロギー的配置をまとめている（Blondel 1968）。彼は、政党システムを「二党制」、「二か二分の一政党制」、「一つの支配的な政党がみられる多党制」、「支配的な政党のない多党制」という四つのタイプに分けた。表では、全一九か国の政党システムが四つのタイプに分けられ、各国でみられる個々の政党もイデオロギー的距離にもとづいて配置されている。

第一のグループは「二党制」であり、米国、ニュージーランド、オーストラリア、イギリス、オーストリアの五か国が含まれる。米国を除き、大きな社会主義政党と、保守主義政党ないしキリスト教政党が存在する。第二のグループは「二か二分の一政党制」であり、旧西ドイツ、ベルギー、ル

表 2–2　西欧民主主義諸国における政党のイデオロギー的距離

		共産	社会	自由／急進	農業	キリスト教	保守
第一グループ							
二党制	米国			L	L		
	ニュージーランド		L	e			L
	オーストラリア		L	e			L
	イギリス		L	e			L
	オーストリア		L	e?		L	
第二グループ							
二か二分	旧西ドイツ		L	s		L	
の一政党	ベルギー		L	s		L	
制	ルクセンブルク		L	s		L	
	カナダ		s	L			L
	アイルランド		s	L			L
第三グループ							
一つの支	デンマーク		L	s/m	s		s/m
配的な政	ノルウェー		L	s	s	s	s/m
党がみら	スウェーデン		L	s/m	s		s/m
れる多党	アイスランド	s/m	s/m	M			L
制	イタリア	m	s	s		L	s
第四グループ							
支配的な	オランダ		M	s		M	s
政党のな	スイス		M	M		M	s
い多党制	フランス	M	s/m	s		s	M
	フィンランド	M	M	s	M		s

L= 大政党（約 40%）
M= 中規模政党（30%超）
s/m= 小規模ないし中規模政党（約 15%）
s= 小政党（約 10%ないしそれ以下）
e= 弱小政党（二党制に関連している場合のみ）
出所：Blondel 1968: 187.

クセンブルク、カナダ、アイルランドの五か国である。ベルギー、ドイツ、ルクセンブルクでは、社会主義ないしキリスト教政党が強いが、カナダとアイルランドでは、中道政党ないし保守主義政党が強い。

第三の「一つの支配的な政党がみられる多党制」には、デンマーク、ノルウェー、スウェーデン、アイスランド、イタリアが含まれる。スカンジナビア諸国では、支配的な社会主義政党が存在する。小さな農業政党がみられるが、宗教政党はみられない。スカンジナビア諸国においては、共産主義政党もみられない。アイスランドやイタリアでは、保守主義政党ないしキリスト教政党が支配的な地位にあり、共産党も存在し、社会主義政党も存在しているため、左翼に分裂がみられる。

第四のグループは「支配的な政党のない多党制」であり、オランダ、スイス、フランス、フィンランドが含まれる。政党間競合が繰り広げられるイデオロギー的距離は広範囲にわたっている。政党システムに特定の支配政党がみられないため、いずれの政党も中規模ないし小規模である。オランダとスイスでは、中規模の社会主義政党とキリスト教政党がみられる。フランスとフィンランドには、中規模の共産主義政党があるが、フィンランドでは、中規模の社会主義政党もある。フランスには、中規模の保守主義政党があり、フィンランドでは農業政党が中規模である。

ブロンデルは、二党制と多党制のサブタイプを設け、さらに、政党システムを六つのタイプに分けた。一方の極に米国の二党制を置いて、それを完全な二党制のタイプとし、もう一方の極に完全な多党制を位置づけた。彼は、多党制の極に位置する事例としてオランダを念頭に置いていた。したがって、ブロンデルによる政党システムのタイポロジーは、(米国のような) 完全な二党制、他の二党制、二か二分の一政党制、一つの支配的な政党がみられる多党制、支配的な政党のない多党制、完全な多党制という六つのタイプからなる。

彼の議論においては、三党制がみられないこと、不均衡な二か二分の一政党制がみられないこと、支配政党がみられる多党制においては、中道ではなく、右翼か左翼に支配的な政党が存在すること、西欧諸国の政党システムのパターンは数が限られていることなどが結論として導き出されたのであった (Blondel 1968)。

さらに、ロッカンによる政党システムのタイポロジーにも簡単に言及しておく。ロッカンは、第一次世界大戦後のヨーロッパ小国における政党システムについて類型化を行っている (Rokkan 1970)。彼は、政党システムのタイプを三つに大別した。第一に、イギリス・ドイツ型の「一対一+一」政党制が挙げられる。たとえば、オーストリアやアイルランドが事例として挙げられる。第二に、スカンジナビア型の「一対三ないし四」政党制としては、スウェーデン、デンマーク、ノルウェーが事例として挙げられる。第三に、多党制が挙げられる。多党制は、「一対一対一+二~三」政党制であり、二つのサブタイプに分けられる。まず、スカンジナビアの「労働階級分裂型」政党制の事例としては、フィンランド、アイスランドが挙げられる。次いで「分極的多党制」の事例には、オランダ、ベルギー、ルクセンブルク、スイスが挙げられる。

ロッカンの類型化は、彼の他の議論と同様に、各国における社会的亀裂に注目しており、亀裂構造の具体的な影響を考慮したものである。彼も政党システムにおいて競合している政党の数に目を向けているとはいえ、他の論者によるタイポロジーと異なるのは、社会的亀裂により重点を置いて議論を行っている点である。彼のタイポロジーは、政党の数に注目しているにもかかわらず、数だけを基準にして政党システムのタイプを分けているわけではない。政党システムのタイプに「イギリスおよびドイツ」や「スカンジナビア」などの地理的な要素をレッテルとして貼っている点は、彼のオリジナリティを示すとはいえ、一般化しにくく、期間限定的であったり、地域限定的であったりするため、政党システムのタイポロジーとして各国の事例に適用することが困難である。その意味において、ロッカンのタイポロジーがヨーロッパ諸国における政党システムの歴史的な記述としては有用であるとしても、他へ適用可能なタイポロジーとしてそこから議論が展開していかなかったのは仕方のないことかもしれない。

4　サルトーリの七類型

これまでみてきたことから明らかなように、政党システムのタイポロジーは、デュベルジェが『政党』において三類型を提示してから、多くの論者によってさまざまな類型化が示され、研究成果が蓄積されてきた。一九七六年には、サルトーリが『政党と政党システム』(*Parties and Party Systems*) を刊行し、政党や政党システムに関する体系的な議論を提示しようと試みた。同書は、第一部において「政党論・なぜ政党なのか」を、第二部において「政党システム」を取り扱っている。未完であるとはいえ、それに続く第三部以降の内容も構想が練られていた[5] (Sartori 1976)。

サルトーリがそこで示した政党システムの七類型は、政党システムのタイポロジーの一つの到達点を示すことになったのであり、第二次世界大戦後の政党研究における一つの分岐点として位置づけることができる。サルトーリは、政党の数にしたがって、政党システムを一党制、二党制、多党制というように分ける方法が不適切であると考えていた。

サルトーリによれば、政党システムとは、政党間競合から生まれる相互作用のシステムのことである (Sartori 1976=2000: 76)。そのため、政党システムにおいてみられる政党の数ばかりにとらわれるのではなく、政党の勢力を考慮に入れる必要がある。それなりに意味のある勢力をもつ政党は考慮に入れ、意味がないほど弱体な政党は無視してもかまわない。つまり、政党の有意性が問われることになる。党勢それ自体は、選挙での力を意味するであろうし、選挙結果をもとに政党の有意性を判断することができる。また、有意性の基準を五％に設定するという方法もある。

サルトーリは、一定の一貫したルールが必要であると指摘し、次のような計算ルールを示した (Sartori 1976=2000: 213-5)。

ルール1　長期間にわたって不必要な小党（実現可能な過半数連合から必要と評価されておらず、加入を要請されることもない党）は有意性のない党として無視できる。逆に、どんなに党勢が小さくとも、どうしても計算に入れねばならない小党もある。たとえば、過半数与党を作り上げるさまざまな組み合わせのうち、少なくとも一つのパターンを決定する位置を長期にわたって、また、ある時点で、享受している場合には、その小党は、当然、計算の対象になる。

このルールには制約条件が一つある。なぜなら、このルールは政権担当地位を指向し、他の連合パートナーからイデオロギー的に認められている政党に限ってあてはまるからである。これでは、いくつかの比較的大きな万年野党（たとえば、反体制政党）を排除してしまうことになるかもしれない。それ故、特殊な状況の下では、〈有意性の基準〉によって私たちの〈無意基準〉を補完していく必要がある。そこで、問題を次のように改めることができる。「連合形成の可能性を不問にすれば、どれくらいの規模、大きさを持つ政党が考察の対象になる政党であるのか」。たとえば、イタリアやフランスの共産党を考えてみよう。全投票数の四分の一、多い時には三分の一の票を獲得している。しかし、連合政権を形成する可能性はここ二五年間について言えば事実上ゼロであった。だが、それだからといって、共産党を無視することはできないはずである。そこで、野党指向政党の威嚇力、より正確に言えば〈脅迫の可能性 blackmail potential〉を基礎にして、第二の（補助）計算ルールを公式化することができる。

ルール2　存在そのものによって政党間競合の戦術に影響を与えることのできる政党は考

察・計算の対象となる。特に、政権指向政党が繰り広げる競合の〈方向 direction〉を変更するだけの力を持つ政党は、当然のことながら、考察・計算の対象になる。競合の方向を変更するためには、その党が求心的競合から遠心的競合に切り換える決定を下すだけでよい。左へ向けた変更の場合も、右に向けた変更の場合もあるし、左右双方に向けた変更でもよい。

要するに、(1)連合形成の可能性も、(2)威嚇・脅迫の可能性も、持たない政党は無視することができる。逆に、連合形成領域で統治権力の帰趨に関連してくる政党や、野党陣営の領域で真の政党間競合に関連してくる政党はすべて計算・考察の対象にしなければならない。

彼は、政党の数を基準にするのではなく、有意味な政党の存在を対象とすることで、より現実への妥当性をもつ政党システムのタイポロジーを示そうとした。サルトーリ自身は、政党の数が重要かという問題を真の問題として捉えていたのではない。彼のタイポロジーでは、存在そのものに意味がある政党が検討の対象とされていた。計算ルールを設けたとはいえ、政党の数だけでは不十分であり、連合形成の可能性や、威嚇、脅迫の可能性をもたない政党は除外される。

サルトーリによる計算ルールは、政党の数を考えるときには有用な基準であり、二つのルールを公式化したことに意味がある。後に、ラークソー（Markku Laakso）とターガペラ（Rein Taagepera）が「有効政党数」（effective number of parties）の測定方法を提起し、どのように政党を数えることができるかという点について一つの基準を示したが（Laakso and Taagepera 1979）、それに先立つサルトーリによるルールの設定は、政党システムにおける政党の「数」について一つの基準を示したものであり、それ以前のタイポロジーに対して明確に一線を画すものとなった。

サルトーリは、さらに「イデオロギー的距離」を基準として追加した。イデオロギー的距離とは、左右の連続体上における政党の位置に関連している。イデオロギー的距離は、政党システムにおいて繰り広げられる政党間競合の特徴により、政党システムが求心的か遠心的か、あるいは分極的か、それとも穏健かという点を明らかにする。これらを把握するのに役立つ基準がイデオロギー的距離である。それをふまえて、サルトーリは、次のような政党システムの七部類を提起した（Sartori 1976=2000: 218-9）。

1　一党制（one party）
2　ヘゲモニー政党制（hegemonic party）
3　一党優位政党制（predominant party）
4　二党制（two party）
5　限定的多党制（limited party）
6　極端な多党制（extreme party）
7　原子化政党制（atomised）

彼のタイポロジーにおいて特徴的なのは、従来は、一党制、二党制、多党制という分け方であったものが、さらに細分化された点である。とりわけ、一党制のカテゴリーは、一党制、ヘゲモニー政党制、一党優位政党制という三つに分けられた。二党制は二党制のままとされ、多党制のカテゴリーは、限定的多党制、極端な多党制、原子化政党制という三つに分けられた。

サルトーリの議論において、一党制や多党制のカテゴリーを細分化することができたのは、有意政党を判別するための計算ルールが導入されたからである。さらに、多党制については、政党間の左右のイデオロギー的距離を考慮に入れることで、政党システムの分裂度（すなわち、分節状況や、分極化の状況など）の違いを反映して細分化されている。その場合には、多党制のうち限定的多党制は「穏健な多党制」に、極端な多党制は「分極的多党制」に置き換えられる。

政党の数を基準にすると、政党数が三〜五の場合は、限定的多党制とされ、政党数が五以上の場合は極端な多党制とされていたが、政党システムの分裂度を基準にすると、タイプは異なってくる。分裂していても分極化していない場合は、イデオロギー的に穏健な多党制となる。分裂し分極化している場合は、イデオロギー的に分極的多党制になる。

したがって、最初に示された七部類は、修正され、以下のようになる。

1　一党制

2　ヘゲモニー政党制

3　一党優位政党制
4　二党制
5　穏健な多党制
6　分極的多党制
7　原子化政党制

七類型は、政党システムの競合性という点からも特徴づけられる。競合性の有無で区別すると、一党制とヘゲモニー政党制は、競合性のない「非競合的」な政党システムであり、一党優位政党制から原子化政党制までの五つは、「競合的」な政党システムとして位置づけられる。

政権交代についてみると、一党制から一党優位政党制までは、政権交代の可能性が全く存在しないか、あるいは低いと考えられる。二党制から原子化政党制までは、政権交代の可能性が常に存在する。

政権形態という点もまた、単独政権か連立政権かで分けることができる。一党制から二党制までの四つは、基本的に単独政権であることが多い。それに対して、穏健な多党制から原子化政党制までの三つは、連立政権を形成する可能性が高い。もちろん、一九九三年以降の日本の事例をみれば明らかなように、一党優位政党制でも連立政権が形成される場合があるとはいえ、サルトーリの七類型は、基本的に七つを単独政権と連立政権とに大別して捉えている。

それでは次に、個々の政党システムの特徴を概観する。

まず、一党制とは、文字通り、たった一つの政党だけが存在し、存在することを許されている政党システムのことである（Sartori 1976=2000：367）。さらに、法律上も事実上も、一つしか政党が存在しない政治システムの抑圧の程度によって、一党制は、「全体主義一党制」、「権威主義一党制」、「プラグマティック一党制」という三つのサブタイプに分けられる。

ヘゲモニー政党制とは、公式上も事実上も、権力をめぐる競合を許さない、覇権を握ったヘゲモニー政党が存在しており、それ以外には、敵対的ないし同等に競合できるような政党がみられず、セカンドクラスの政党のみが存在するような政党システムである（Sartori 1976=2000：383）。ヘゲモニー政党制のサブタイプには、「イデオロギー指向ヘゲモニー政党制」と「プラグマティズム指向ヘゲモニー政党制」がある。

一党制とヘゲモニー政党制は非競合的なシステムとされる。それに対して、競合的システムの一番端に位置しているのは、一党優位政党制である。一党優位政党制とは、その主要政党が一貫して投票者の多数派（絶対多数議席）に支持されているような政党システムのことである（Sartori 1976=2000：328）。ここでいう「多数派」とは、議会における議席の多数派を意味している。有権者の多くが特定の政党を一貫して支持し続けることにより、その政党が長きにわたって議会の多数派を維持し続けることに成功すると、一党優位の状況がもたらされる。その結果として形成された政党システムが一党優位政党制である。

次に挙げることができるのは、二党制である。二党制とは、二つの政党が絶対多数議席の獲得を目指して競合しており、二党のうちのいずれか一方が議会の過半数議席を獲得するのに実際に成功し、その結果、過半数議席をもつ政党が進んで単独政権を形成しようとすると同時に、政権交代の確かな可能性が存在するという条件を満たしているような政党システムのことである（Sartori 1976=2000：314）。二党制は、二つの政党のうちいずれか一方が議会における過半数勢力を確保し、単独で政権を担当するところに特徴がある。

多党制のカテゴリーには、次に挙げる三つのタイプの政党システムが含まれる。

まず、穏健な多党制では、レリヴァントな政党が三党から五党は存在する。穏健な多党制は、その政党システムの存在する政治システムが分裂しても分極化していないことから、イデオロギー的には穏健な政党システムであるため、「穏健」な多党制となる。政党間のイデオロギー的距離は比較的に小さく、二極化した連立政権指向の政党配置となる。各政党は、求心的な競合を行う（Sartori 1976=2000：299）。

次に、分極的多党制は、分裂し、分極化した政治システムに存在する。そのため、以下に挙げるような特徴がみられる（Sartori 1976=2000：229-43）。第一に、有意な反体制政党が存在すること、第二に、右翼と左翼の双系野党の存在、第三に、中央に一つの政党ないしは政党群が存在すること、すなわち、中間勢力が存在すること、第四に、これらの特徴から明らかなように、分極化していること、第五に、求心的な競合よりも遠心的な競合を示す傾向があること、第六に、イデオロギーのパターンがより根元的であること、第七に、無責任野党が存在すること、第八に、政治システムが「せり上がりの政治」あるいは「過剰公約の政治」に陥る傾向が強いことである。

最後に、原子化政党制は、これまで取り扱ってきた六つの政党システムとは異なり、経済における原子的競争のように、他に抜きん出た実績を上げている存在が一つもない状況を意味する（Sartori 1976=2000: 219）。実際に、原子化政党制はほとんどみられない。たとえ存在したとしても、非常に不安定な政党システムである可能性がある。また、競合性という点から考えても、継続的で安定的な統治が実現するような状況とはかけ離れている。そう考えると、原子化政党制は、競合的な政党システムの一つのタイプとして、理論的には存在するかもしれないが、現実的には存在しにくい。

政党システムの七類型は、その後、他の研究者によって、さらなる精緻化が進められた。たとえば、多党制のさらなる精緻化がなされた。穏健な多党制が、連立政権を形成することなく、政権交代を行うタイプ、連立政権が形成されるタイプ、いくつかの主要な中道政党が連立を組み政権に就くことや、少数派内閣の形成などがみられるタイプに分けられる（Beyme 1985）。また、それ以外にも、現実の政党システムへの妥当性が問われ続けた。

サルトーリによる政党システムのタイポロジーは、政党システムにおける数やイデオロギー的距離という点から多様な政党システムを類型化した。第二次世界大戦後の政党研究をふりかえると、デュベルジェに代表される政党システムの三類型からサルトーリによる七類型への精緻化は、現実政治に対して妥当性をもつタイポロジーの構築へとつながったという意味で評価することができる。サルトーリの貢献は、それ以前の研究成果をふまえて、政党システムにはどのようなものがあるか、それらの相互の関係はどうなっているか、多様な政党システムにおける政党の配置はどうなっているかという点から、政党システムの形状に関する鳥瞰図を提示したのであり、当時の政党研究の理論的な到達点を示すものとして位置づけられる。

5　サルトーリ以後の政党システムのタイポロジー

サルトーリによる政党システムのタイポロジーが提起された後も、さまざまな議論が蓄積された(Wolinetz 2006)。一九八〇年代から九〇年代にかけては、メークル (Peter H. Merkl) やバイメ (Klaus von Beyme)、ウェア (Alan Ware) などによって修正版のタイポロジーが提案された (Merkl 1980; Beyme 1985; Ware 1996)。それらはサルトーリによる七類型をもとにしたものであり、サルトーリのタイポロジーを乗り越えるまでには至らなかった。その後、政党システムのタイポロジーに対する関心は下火になり、新たな議論が活発に展開されることはなかった。シアロフ (Alan Siaroff) が二〇〇〇年に示したタイポロジーは、それまでの空白を埋めることになった (Siaroff 2000)。シアロフによるタイポロジーは、ブロンデルによるタイポロジーにもとづいており、政党の規模と相対的な強度を考慮に入れて政党システムを類型化している。とりわけ、彼は、二党制と多党制のバリエーションを示し、二党制を二分化し、多党制を六つに分けた。彼は、議席率が三％以上の政党を対象とし、「純粋な二党制」、「二か二分の一政党制」、「一党優位の穏健な多党制」、「二つの主要政党がみられる穏健な多党制」、「主要政党間の均衡がとれた穏健な多党制」、「一党優位の極端な多党制」、「二つの主要政党がみられる極端な多党制」、「主要政党間の均衡がとれた極端な多党制」という八類型を示した。

まず、純粋な二党制は、二つの主要政党が全体の九五％の議席率を占めている場合である。次に、二か二分の一政党制は、三％以上の議席を有する政党が三〜五つみられる場合であり、サルトーリのタイポロジーにしたがえば「穏健な多党制」として捉えられるタイプである。シアロフによるタイポロジーでは、穏健な多党制が次の三つに細分化されている。第三に挙げられるのは、一党優位の穏健な多党制であるが、このタイプは、一つの政党が支配的でありながらも、他に複数の政党が競合している場合である。第四に、二つの主要政党がみられる穏健な多党制は、二つの主要政党が競合的であり、それ以外にも複数の政党が存在している場合である。第五に、主要政党間の均衡がとれた穏健な多党制は、複数政党の間で勢力の均衡がとれている場合の政党システムである。さらに、極端な多党制が三つに分けられており、第六から第八までのタイプとして挙げられる。第六に、一党優位の極端な多党制は、一つの政党が支配的でありながらも、他に多くの政党が競合している場合のことであり、有効政党数は四前後とされる。第七に、二つの主要政党がみられる極端な多党制は、二つの主要政党が競合的であり、それ以外にも多くの政党が競合している場合であり、有効政党数が四以上とされる。第八に、主要政党間の均衡がとれた極端な多党制は、有効政党数が五以上であり、複数政党の間で勢力の均衡がとれている場合である。

シアロフによるタイポロジーは、政党の数だけでなく、政党間の勢力関係を視野に入れているところに特徴がある。政党の数に注目することは、二党制と多党制とを区分し、さらに、穏健な多党制と極端な多党制とを分けることができる。政党間の勢力関係は、政党間における支配的な政党の存在に焦点を絞ることになるし、二つの主要な政党間の競合を説明し、政党間の均衡関係を説明することにもなる。この点は、選挙制度をはじめ、政権の形成や政権のタイプ、政権の存続期間などにもかかわる（Wolinetz 2006）。

サルトーリによる七類型は、一九七六年の発表以来、政党システムのタイポロジーにおける一つの基準になってきた。しかし、各国の政党システムが多様な変化を経験し、サルトーリの七類型では説明できない事例がみられたり、七類型に該当しないタイプがみられたりするようになった。現実の変化が先行し、それを説明するために後から理論が追いかけるという構図は珍しいことではないが、政党システムのタイポロジーにおいても、ポスト・サルトーリのタイポロジーが模索されているのは確かである。シアロフが穏健な多党制と極端な多党制とを細分化したことは、変化を経験した現実の政党システムを捉えようとした一つの試みである。その意味で、事例が多く、多様性の層が厚い部分を細分化することにより、現実に対してより妥当性をもったタイポロジーを構築しようとした取り組みとして評価することができる。

注

（1）政党システムの三類型は、「一党制」、「二党制」、「多党制」という三つのタイプを指すが、デュベルジェによって三類型そのものが考案されたというわけではない。彼の議論が提出された時点において既に、政党システムの三つのタイプは用語として使われており、それがそのまま三類型を意味していたという意味では、必ずしもデュベルジェの造語というわけではない。しかし、彼が三つのタイプを詳しく説明したことにより、それ以降の政党システムのタイポロジーに関する議論に影響を及ぼしたと理解することができる。

（2）歴史的にみると、米国においては、二党制をなしている二つの政党以外に、しばしば「第三党」が登場したが、いずれも失敗に終わるか、短命であった。

（3）デュベルジェによる政治の本質に関しては、Duverger（1964=1967）を参照されたい。

（4）デュベルジェの議論では、「一党制」という表現とともに、「単独政党制」や「一党独裁制」という表現もなされている（Duverger 1951=1970: 278）。

（5）サルトーリの「序文」を参照（Sartori 1976=2000: v-xi）。

3　政党システムの形成

1　選挙制度と政党システム

デュベルジェによる一九五一年の『政党』は、序論において「政党の起源」を、第一部において「政党の構造」を、第二部において「政党システム」を、結論において「現代民主主義における政党の役割」をそれぞれ取り扱っている。とりわけ、第二部では、選挙制度と政党システムとの関連について議論がなされている。この点は、現在に至るまで「デュベルジェの法則」とされ、政党システム研究だけに留まらず、政治学の他の分野においても、ある意味で「独り歩き」していると表現できるほどに普及している。

デュベルジェは、議論を開始する際に、政党システムを定義づけようとしながらも、これこそが政党システムであるというような、明確な定義づけを行ってはいない。その点は以下に引用する箇所を読むと明らかなように、非常にあいまいなままである（Duverger 1951=1970: 226）。

一つの政党しかない国家を除いては、それぞれの国には、いくつかの政党が共存する。つまり、その共存の形態や様相が、特定国の「政党システム（système de partis）」を明示する。まず二つの要素を考えながら、この定義をしてみたい。第一は、政党システムを形成する個々の政党の内部構造のうちで、類似性と非類似性が発見できることである。つまり中央集権的な政党と権力分散的な政党の組織の間の相違点であり、全体主義的政党と制限政党の組織の間の相違点であり、柔軟性のある政党とそうでない政党間の相違点である。第二は、いろいろな政党の間を比較することによって、ばらばらに考察していてはわからない新しい構成要素を区別することが可能となる。つまり政党の数、各政党の規模、同盟、地理的な分布状況、政治上の割り当てなどである。政党システムというものは、すべてこれらの特徴の間の特殊な関係によって定義づけられる。ちょうど異なった構造の型が定義されてきたと同じように、政党システムの一定の類型を定義しようとしなければならない。一党制、アングロ・サクソン型二党制および多党制の間にひかれた区別というものは、古典的なものである。その他の多くの区別というものは、その上に添加されており、またそれと結びついている。つまり、独自な政党制とか同盟関係をもった政党制、勢力の均衡した政党制とか一つの支配的な政党制、大政党制とか小政党制、安定した政党制とか不安定な政党制、左翼の方向に移動する政党制とか固定したままの政党制などである。

デュベルジェは、ここまでの議論において、政党システムとは何かを明確に規定してはいない。あえて、少しでも関連する部分を挙げると、「つまり政党の数、各政党の規模、同盟、地理的な分布状況、政治上の割り当てなどである」と指摘した後に、すぐに「政党システムというものは、すべてこれらの特徴の間の特殊な関係によって定義づけられる」と述べている箇所である。

彼の説明においては、どのようなものが政党システムであるかは判然としない。デュベルジェの議論をみると、ある一定の要件を満たした場合に、それを政党システムというとか、ある一定の基準に達しているから、それを政党システムということができるというだけであり、政党システムを定義づけてはいない。その点は、デュベルジェの議論の特徴であり、弱点であるともいえる。

また、彼が「政党システムは、その国のさまざまの複雑な要因の産物である」としていることから明らかなように、世界各国の政党システムにみられる何らかの普遍的な特徴を見出そうとしているのではない。その意味で、彼の議論は、政党システムの普遍的な定義を明示しようとしているわけでもない。

デュベルジェによれば、複雑な要因として、第一に挙げられているのは、「伝統と歴史、社会および経済構造、宗教上の信仰、人種的構成、民族的な対立」などである。具体的には、右翼政党と左翼政党の違いや、貴族に基礎を置いた保守党に対し、農民党やキリスト教政党の誕生、商業や工業に従事する階層を代表する政党の存在などが歴史的に目撃されたことから、第一の要因が取り扱われている。しかし、デュベルジェは、政党システムに関する説明を行う際に、個々の政党の起源や、歴史的な経緯についてあまり詳しく議論を行ってはいない。

次に彼が目を向けたのは、選挙制度である。彼の書物において、各種の要素のうちでも選挙制度に力点を置いていた。デュベルジェによれば、選挙制度は、政党システムにおいて一つの要素を構成しており、「それゆえに、投票方法のいかんが、同じような意味において、その国のあらゆる政党構造を形作る」ことになる。「党員数や、政党の規模、政党間の同盟および議員選挙に対する選挙制度の効果は重要である」とされ、「逆に言えば」、政党システムは、「選挙制度の上に活き活きとした影響を及ぼすのである」とされている（Duverger 1951＝1970: 227）。

この点に関して、デュベルジェは、選挙制度が政党システムの構成要素であるとしながらも、他方では、政党システムが選挙制度の上に活き活きとした影響を及ぼすといっている。さらに、「二党制は、単純多数一回投票型（scrutin majoritaire à un tour）の採用に有利である」と述べている（Duverger 1951＝1970: 227）。政党システムと選挙制度との関係について、彼のここまでの議論をみると、政党システムが選挙制度に何らかの影響を及ぼしているという印象を受けるが、その直後に述べられている内容をみると、選挙制度が政党システムに影響を及ぼすという議論である。

2　デュベルジェの法則

デュベルジェによれば、政党システムと選挙制度の二つは、永久に結び合わされており、しばしば分析によっては分離できないところの二つの現実なのだという。そこで彼は、次のような点を指摘している。

(1)　比例代表制は、多党制的で、強固で、自立的でかつ安定した政党システムを促進する。
(2)　二回投票による多数決制は、多党制的で、柔軟性があり、非自立的でかつ比較的安定した政党システムを促進する。
(3)　単純多数一回投票制は、主要な独立した政党間の権力の交替をもった二党制を助長することになる。

いわゆる「デュベルジェの法則」とされるのが、ここで挙げた三つの「公式」である。デュベルジェは、「投票制度の一般的な影響は、次の三つの公式に規定することができるかもしれない」として、三つの組み合わせを挙げている。

デュベルジェは、政党システムと選挙制度の三つの組み合わせについて述べた後、「これらの一般的な提言は、基本的な傾向のみに限られる」とし、「これらの問題は、政党システムに対して選挙制度のすべての影響を含んでいるとはいえない」と、但し書きともいえる叙述を行っている。さらに続けて、「こういった点にかんがみて、以上述べたような説を最初の実際的な仮説として、もっぱら使用してみようと思っている」と述べている（Duverger 1951=1970：228）。そこから先は、二党制や多党制に関する具体的な議論になる。

デュベルジェは、政党システムと選挙制度との三つの組み合わせについて、「公式」と表現したり、「仮説」と表現したりしている。彼自身が『政党』の執筆時点では、それほど意識的に用語を用いていなかったのかもしれない。しかし、その後の議論においては、「公式」、「仮説」、「法則」、「命題」というように、異なる表現が混在し、議論が収斂することはなく、議論が拡散している。三つの組み合わせのうち、特に(1)と(3)が独り歩きをしているようである。

本章では、デュベルジェの議論を引用するときには、彼の表現（「公式」ないし「仮説」という表現）にしたがう。政党システムと選挙制度との三つの組み合わせを単純化すると、(1)は、比例代表制が多党制を促進すること、(2)は、二回投票による多数決制が多党制を促進すること、(3)は、単純多数一回投票制が二党制を助長することを、それぞれ説明している。

(1)は、ヨーロッパ諸国でみられるように、多党制の国で比例代表制が採用されている事例を意識している。(2)は、フランスの選挙でみられるような二回投票制である。この点は、デュベルジェがフランスの政治学者であり、自国の政党システムと選挙制度との関係に注目したものだといえる。

(3)でいう単純多数一回投票制は、いいかえると、小選挙区制のことである。(3)は、米国やイギリスのような小選挙区制を採用している国で二党制がみられる事例を念頭に置いたものである。とりわけ、この点に関して、デュベルジェは、次のように強調している（Duverger 1951＝1970：241）。

歴史的な説明というものは、考察の場合にはさらに価値がある。英本国や米国における長期間にわたる二元主義の習慣は、明らかにその今日の強さのなかに一つの要因がある。それぞれの国における環境についての唯一の独自の調査は、二党制の本当の起源を正確に定めることができる。このような国家的な諸要因の影響力は、確かに非常に重要である。しかしながら、一つの技術的な種類の普遍的な要因を、自分の好みだからといって、過小評価してはならない。つまり選挙制度の問題である。その効果は次のような公式で表明することができる。すなわち「単純多数一回投票制度は、二党制に有利に働くのである」。この書物のなかで、定義づけられるすべての仮説について、これはおそらく、もっとも精密な、一つの真実の社会学的法則への接近である。ほとんど完全な相互関係は、単純多数一回投票制と二党制との間に著しくみられる。つまり、二党制諸国は、単純多数方式の投票制度を使い、単純多数方式の投票制度を採用している諸国は二党制である。例外は非常に稀であり、そしてそれは一般的には、特殊な諸条件の結果であるとして説明できるのである。

デュベルジェは、単純多数一回投票制（すなわち、小選挙区制）と二党制との関係を「もっとも精密な、一つの真実の社会学的法則への接近」とか、「ほとんど完全な相互関係」というような言葉で表現している。そもそもデュベルジェが、政治を二元主義的なものであると捉えていることから、彼が二党制に関心を向けるのは必然的なことだといえるかもしれない。

デュベルジェによれば、政治の本質とは、「統合」と「闘争」という二つの正反対の言葉で示されるものであり、すべてが賛成か反対かの二つに分けられるところにある。「政治がいかなる時いかなる所においても、相反する価値や感情をふくんでいることこそ、政治の本質であり、その固有の性質であり、その真の意義である。二つの顔をもったギリシア神のヤヌスのイメージこそ、国家の象徴にほかならないのであり、政治の最も深い現実を表すものである」(Duverger 1964=1967 : 7)。デュベルジェは、政治を二者択一のものとして考えており、対立のあるところに政治が存在するといえる。そう考えると、二党制は、二つの異なる政党が政権獲得をめぐって対立し、競合している状況である。そのような政党間競合の方向づけに選挙制度が何らかの影響を及ぼすとすれば、デュベルジェの関心は、そこに向けられる。そもそも彼自身が政治を二元主義的なものと考えており、単純多数一回投票制がその特徴を最も反映しやすいとすれば、この点について彼が力説するのは論理的に一貫した展開といえる。

それに対して、比例代表制と多党制との関係は、単純多数一回投票制（小選挙区制）と二党制との関係ほど力説されていない。西欧諸国の一つの特徴として、多党制であることが指摘されている。

多党制といっても、そのバリエーションは数多く、三党制から無限大に広がる小党分立まで含まれるため、多党制そのものを類型化することは困難である。

比例代表制と多党制との関係について、デュベルジェは、「比例代表制と多党制とは常に一致するということは確実である」と指摘している(Duverger 1951=1970: 269)。デュベルジェは、比例代表制で二党制や一党独裁という国は、世界中を捜しても存在しないと述べ、比例代表制と多党制との関係を説明している。デュベルジェによれば、比例代表制は多党制を促進するというが、比例代表制が多党制にどのような影響を及ぼすといえるのであろうか。

まず、デュベルジェは、比例代表制が二党制に向かう一定の傾向へ終止符を打つと指摘している(Duverger 1951=1970: 272)。比例代表制は、同じ傾向の政党を合同させるようなことはせず、政党内部の分裂を阻止するようなこともないという。そのため、ある国の政党システムが多党制であり、選挙制度が比例代表制であるならば、多党制はそのまま存続すると考えられる。

次いで、比例代表制は、その採用時に存在していた「諸政党の構造をほとんどそっくりそのまま維持」する(Duverger 1951=1970: 275)。そうだとすれば、多党制の国で比例代表制が採用されると、そのときの状況がそのまま存続すると考えられる。

「比例代表制は、若干の人々が望んでいる分解効果を決してもたない。というのは、多くの場合において、分裂は、一つの大政党が分離して二党になることによって起こる。そして次に起こるもろもろの選挙をとおしてその立場をいぜんとして持続するのである。増加の傾向は既成政党の分裂よりも、新党の創設を通じた場合の方が多く示される。つまり、これらは、基本的に小政党であるということが非常に明白である。いろいろな事実が出現することによって、このことを実現するのに失敗したとすれば、比例代表制は政党数増加の効果をもつということを、若干の人々は否定することにもなりかねない」(Duverger 1951=1970: 275–6)。

デュベルジェの議論をよくみると、比例代表制を導入すれば、それが直ちに、あらゆる政党システムを多党制へと変えるといっているわけではない。比例代表制と政党システムとの関係について、デュベルジェはさほど大胆な指摘を行っているわけではない。実際には、むしろ慎重な指摘を行っている。たとえば、比例代表制が二党制に向かう傾向に終止符を打つという点や、比例代表制は採用された時点に存在していた諸政党の構造をそのまま維持しているという点などである。前者の比例代表制と二党制という点は、比例代表制が多党制と関連していることを示している。後者の指摘は、注意してみないと見落とされがちな指摘であり、前者と併せて理解すると、デュベルジェは、比例代表制が必然的に多党制をもたらすとは論じていない。

比例代表制は、多党制の国で採用されている。比例代表制が二党制への傾向に終止符を打つという点からすれば、比例代表制による政党システムの政党数の削減効果はみられないと考えられる。さらに、比例代表制が制度導入時の諸政党の構造をそのまま維持するのだとすれば、比例代表制を導入したことで政党数が増加することや、政党システムを多党制へと変化させるわけではない。

比例代表制が政党システムに対して影響を及ぼすという点については、あまり精緻な議論がなされていない。しかも多党制のバリエーションについては、特に言及がなされておらず、比例代表制と多党制との関連について、詳細な検討が行われないまま議論が進められている。そう考えると、比例代表制と多党制との関連についてのデュベルジェの指摘は、単純多数一回投票制（小選挙区制）と二党制との関連についての議論よりも表層的な議論に留まっているようである。

デュベルジェの議論は、どのような選挙制度であれ、政党システムに何らかの影響を及ぼすという論旨から考えると、政党システムの形成要因としての選挙制度を正面から取り扱ったものとして捉えることができる。もちろん、デュベルジェは、政党システムにおいて一つの要素を構成するものとして選挙制度を位置づけているのであり、政党システムの形成要因には選挙制度以外のものがあることを認めている。

現在では、選挙制度が政党システムに影響を及ぼしたり、逆に、政党システムが選挙制度に影響を及ぼしたりすることも明らかになっている。選挙制度以外の要因がさらに考えられるとしても、政党システムを形成する制度的な要因として、選挙制度を無視することはできない。

デュベルジェの『政党』において、選挙制度と政党システムとの関係が正面から取り扱われたことにより、政党システム研究における一つの重要な論点が提起されたことは明らかである。その後、選挙制度と政党システムというテーマ自体がさまざまな研究において注目されているが、議論の前提には常にデュベルジェの議論が存在しているように思われる。

3　その後のデュベルジェの法則

デュベルジェの法則は、選挙制度が政党システムを二党制もしくは多党制へと導く傾向があることを指摘しており、選挙制度が政党システムの「原因」となるという立場を示していた。デュベルジェは、いかなる選挙制度も政党システムに影響を及ぼすと考えていたが、実際には、必ずしもデュベルジェの法則を適用することができない事例もあり、後々、さまざまな学者によって、法則の修正や批判がなされるようになった。

たとえば、ライカー（William H. Riker）は、小選挙区制と二党制との組み合わせを「法則」とし、比例代表制と多党制との組み合わせを「仮説」とした（Riker 1982）。ライカーは、デュベルジェの法則には該当しない事例があることから修正が必要であると指摘した。カナダやインドでは、小選挙区制が採用されているにもかかわらず、二党制というよりは、多党制である。カナダでは、特定の州や地域だけに候補者を立てて選挙運動を行うような地域政党が一定の勢力を保っている。全国レベルの選挙結果をみると、地域政党が第二党ないし第三党の地位を占めることがある。したがって、カナダでは、小選挙区制と二党制という組み合わせはみられない。インドは、国民会議派のように、一つの政党が長期にわたって政権に就いていたことから、政党システムが一党優位政党制とされてきた。国民会議派が政権党であるのに対し、他にも複数の野党が存在した。インドもまた、小選挙区制を採用しているにもかかわらず、二党制ではない事例とされた。そのため、世界には、デュベルジェが考えたように、小選挙区制が二党制を助長するとはいえない事例がいくつもみられる。

比例代表制と多党制との組み合わせは、オーストリアの事例をみると、デュベルジェの議論が仮説に過ぎなかったことが判明する。オーストリアでは、比例代表制が採用されているが、二大政党と一つの付属物のような政党がみられるだけである。ときには、二党制とされることもある。この点からライカーは、オーストリアの事例にデュベルジェの法則を適用することはできず、デュベルジェの議論は法則というよりも、仮説であると述べている。

それ以外にも、デュベルジェの法則に対しては、さまざまな立場から議論がみられる。ヨーロッパ諸国において、比例代表制を採用している事例をみると、もともと多党制であった国が比例代表制を採用している事実を無視することはできない。ヨーロッパでは、宗教や言語、民族などによる社会的亀裂が存在し、多様な社会構造となっている。政党は、社会的亀裂に沿って形成されており、政党システムもさまざまな亀裂を反映し、多党制となる。多党制において示される多様な利益や価値は、比例代表制によって政治の場へと表出されるため、多党制では比例代表制が採用されたという経緯がある。比例代表制と政党システムとの関係をみると、選挙制度が政党システムを規定するというよりも、政党システムが選挙制度を規定しているといえる。

デュベルジェは、一九八六年に「デュベルジェの法則——四〇年後の再考」という論考を発表した（Duverger 1986=1998）。彼は、一九五一年の『政党』で示したデュベルジェの法則に対してなされた批判や修正を受け、休眠状態にあった「眠れる森の美女」が目を覚ましたと表現し、「確定的に提示したわけではなかった私の仮説を死守することではなく、仮説の解釈を訂正し、過去四〇年間の研究に基づき、仮説を述べ直すこと」を目的として、「仮説と矛盾する事柄や、仮説を弱めたり、仮説を覆したりするような事柄に主眼」を置いて自らの理論を新たに考察しようとした。

デュベルジェによれば、選挙制度と政党システムとの関係について、発表された時期ごとに彼の呼び方が変わっているという。一九四五年の論文は、「三つの社会学的法則」という表現であったが、一九五〇年の論文では、「三つの社会学的法則」という表現ではなく、「三つの公式」という表現になり、一九五一年の著書では、「本書で示唆した一般化の中で、最も社会学的法則に近い」という表現になり、一九五五年には、「三つの社会学的法則」という表現になった。デュベルジェ自身の表現は「法則」という表現で落ち着いたようであるが、彼に対する批判や修正などでは、「法則」と「仮説」とに分けて議論される場合もあった。

デュベルジェは、多くの論者が彼の命題で用いた正確な用語を無視していると指摘し、彼は、ある選挙制度がある政党システムをもたらす「傾向」があると述べているのであり、必ずしも特定の選挙制度が特定の政党システムをもたらすのではないと強調しているという。さらに、一九四五年には、特定の選挙制度が特定の政党システムを「導く」であろうと表現していたが、一九五〇年以降は、「導く」とは書かず、「導く傾向がある」と表現し、文脈的にも、ある選挙制度が特定の政党システムをもたらす原因でしかないということを明確に強調してきたと述べている。

さらに、一九五五年には、「ある国の政党システムは、第一に、その国の伝統や社会的諸勢力を反映したものである。選挙制度の影響力は、これらの基本的要因によっても相殺される」とした。一九六〇年には、次のように付け加えられた。「選挙制度と政党システムとの関係は、自動的でも必然的でもない。ある選挙制度が、必ずしもある政党システムをもたらすわけではない。選挙制度は、単にある政党システムへと持続的に圧力をかけ続けるに過ぎない。選挙制度は、いくつかの作用因の一つであり、作用因の中には、反対方向へ作用する傾向のものもある」。

デュベルジェによる四〇年後の再考は、長年にわたって、彼の議論がいかに誤解されてきたかを明らかにしようとしたものであるが、重箱の隅をつつくような議論に終始しているといえなくもない。四〇年後につまびらかにするほどの意味をもつか否かを考えると、評価が分かれる。二〇世紀半ばに示された彼の議論が今でも選挙制度と政党システムとの関係を考える際に、無視できないのは明らかである。デュベルジェが提示した選挙制度と政党システムとの組み合わせは、選挙制度が政党システムに影響を及ぼすという点を示したところに価値があり、原因としての選挙制度と、結果としての政党システムという因果関係を明確にした点に彼の功績を見出せる。

4　選挙制度と政党システムとの因果関係

ボクダノア（Vernon Bogdanor）は、政治システムの安定性、政党の数、政党の性質、議員と有権者との関係、選挙運動の戦略、政治的リクルートメントなどに対して、選挙制度が影響力をもっていると指摘し、とりわけ、選挙制度と政党システムとの関係に注目している（Bogdanor 1983=1998）。同じ選挙制度であったとしても、国ごとに選挙制度がもたらす影響力は異なっており、同じ国でも時期が違えば、影響力は異なるとされる。

ボクダノアによれば、選挙制度が政党システムに影響を及ぼす根本的な要因であるという見方は、ヘルメンス（F.A. Hermens）やデュベルジェによってなされた。ヘルメンスは、比例代表制が常に不安定な政権をもたらし、政治的過激主義を導くと主張し、相対多数代表制だけが民主主義的価値を守ると考えた。デュベルジェもまた、相対多数代表制が二党制と政治的安定性をもたらし、比例代表制は小党分立を引き起こし、不安定な政権をつくるという立場であった。彼らの主張に対して、ボクダノアは批判的であり、民主的システムの複雑性と多様性とを十分に考慮していないとし、政党システムを二党制と多党制とに単純に二分化するのも適切ではないという。ヘルメンスもデュベルジェも自国の経験を不当に一般化しており、ヘルメンスは、反ナチズムという関心により、デュベルジェは、フランス政治の慢性的な不安定さに対する救済策を求めていたという。

このような見方に対して、選挙制度は結果であって、原因ではないという見方が提起された。選挙制度は、社会的および歴史的な所産としてもたらされた政党システムに起因するという見方である。政党システムは、社会的亀裂や政党の数によって特徴づけられ、その特徴をふまえた結果として、そこで採用される選挙制度も決まってくるとされる。当初、政党システムと選挙制度との因果関係は、ロッカンによって唱えられた（Rokkan 1970）。ロッカンによる選挙制度論は後に、ロッカンとリプセット（Seymour M. Lipset）による西欧諸国に関する政治発展論の一部を構成することになった（Lipset and Rokkan 1967）。

ヨーロッパ諸国では、比例代表制の導入が多党制の形成より前ではなく、多党制が形づくられた後のことであった（Bogdanor 1983=1998）。たとえば、ベルギーでは、カソリック政党と自由党に対する挑戦者として、ベルギー労働者党が台頭したことにより、一八九四年までに三党制が現実のものとなっていた。ベルギーで比例代表制が導入されたのは、一八九九年のことであった。デンマークでも、一九二〇年の比例代表制の導入よりも前に四党が競合していたし、ノルウェーでも、比例代表制導入以前に主要三党と中小政党との競合がみられた。したがって、ボクダノアによれば、選挙制度は、原因というよりも、結果であり、比例代表制が多党制をもたらすわけではないとされる。

この点に関連して、比例代表制の導入により、政党の数が増加するという見方についても、ボクダノアは批判的である。たとえば、比例代表制には、阻止条項のような敷居によって政党数の増加に一定の制限が加えられることがある。選挙に際して、数多くの政党が競合していたとしても、実際の選挙結果で議席を獲得するのは、いくつかの政党のみという場合もある。ボクダノアは、いったん敷居によって排除された政党が後の選挙で敷居を乗り越えて議席を獲得するという事例はみられないとしながら、比例代表制による政党数の増加に関して、懐疑的な見解を示している。

政党システムが社会的亀裂を反映し、その結果として選挙制度が採用されるという、選挙制度の社会学的アプローチは、普通選挙制導入以来の西欧諸国でみられた政党と有権者との関係が安定していたことを説明しており、途中に第二次世界大戦をはさんでいるとはいえ、二〇世紀初頭の一九二〇年代から戦後の一九六〇年代までは、政治的安定性がみられたとされる。ボクダノアは、リプセットとロッカンの研究に注目しながら、この点を説明している。彼らによれば、主要な社会的亀裂は、普通選挙制の導入以前につくられており、選挙権の拡大と、新しい主要な政治的支持層の動員の結果により、主要政党からなる選択肢が固まり、凍結したことで政治的安定はもたらされたのである。

選挙制度と政党システムとの組み合わせは、原因として理解するべきか、それとも結果として理解するべきなのか。結論を先取りすれば、いずれか一方だとはいえないのが実際のところである。選挙制度が政党システムの原因なのか、それとも結果なのかという点については、サルトーリが次のような見方を示している（Sartori 1997）。彼は、強い選挙制度か、弱い選挙制度かで選挙制度を二分し、強い政党システムか、弱い政党システムかで政党システムを二分している。強い選挙制度

表 3-1　政党システムと選挙制度との影響力の組み合わせ

政党システム	選挙制度	
	強	弱
強 （構造的）	(I) 選挙制度の削除効果	(II) 政党システムの相殺－妨害効果
弱 （非構造的）	(III) 選挙区の抑制－削除効果	(IV) 影響なし

出所：Sartori 1997: 43=2000: 49..

として小選挙区制が挙げられ、弱い選挙制度として比例代表制が挙げられている。選挙制度の強弱は、制度が政党システムに対して及ぼす影響力を示している。政党システムの強弱は、構造化されているか否かという点が基準となる。政党システムが二極化していたり多極化していたりする場合には、構造化されていることになり、構造化されていると「強い」とされ、構造化されていなければ「弱い」とされる。選挙制度と政党システムとの組み合わせとして、四つのパターンが挙げられる。

まず、組み合わせ(I)は、強い選挙制度と強い政党システムとの組み合わせであり、選挙制度による政党数の削減効果がみられる。小選挙区制において二党制がみられる事例がこれに該当する。(II)は、弱い選挙制度と強い政党システムとの組み合わせであり、選挙制度の影響に対して、政党システムによる阻止効果ないし対抗効果がみられる。比例代表制におけるる多党制や、オーストリアの事例のように、比例代表制における二党制のフォーマットをもたらす。(III)は、強い選挙制度と弱い政党システムの組み合わせであり、ここでは、選挙区効果がみられる。選挙制度が全国的に効果をもたらすことはないが、選挙区レベルでの候補者間の競合は促進されるという。(IV)は、弱い選挙制度と弱い政党システムとの組み合わせであるが、この組み合わせは、特にこれといった特徴をもたない。

サルトーリによれば、組み合わせ(I)において、小選挙区制が政党システムを制約し、結果的に、政党数を減らす効果を及ぼすという。組み合わせ(II)では、比例代表制が弱い選挙制度であるため、政党システムが選挙制度に影響を及ぼすという。これまでみてきたことから明らかなように、ヘルメンスやデュベルジェは、選挙制度が政党システムに影響を及ぼす「原因」であったのに対し、ロッカンは、政党システムが選挙制度に影響を及ぼすと考え、選挙制度を「結果」として位置づけていた。しかし、サルトーリは、選挙制度と政党システムとの組み合わせについて、一方向的に「原因」か「結果」のいずれかであるとは結論づけられないと指摘した。この点は、ボクダノアを含め、これまでに主張されてきた見方をふまえ、議論の整理を行うことになったし、一方向的に単純な見方を採用するべきではないことを明らかにした。

5 政党システムの凍結仮説

政党システムがどのように形成されるかについて、社会的亀裂という要因から説明したのは、リプセットとロッカンらである（Lipset and Rokkan 1967）。社会的亀裂は、ある社会において歴史的に形成されてきたような、さまざまな対立軸を反映したものである。たとえば、階級、宗教、地理的条件、ナショナリズム、民族、言語などがある。

具体的にいえば、階級をめぐる対立には、資本家階級と労働者階級との対立がみられる。宗教については、異なる宗教同士の対立をはじめ、キリスト教においてもカソリック系とプロテスタント系との対立などがある。地理的条件をめぐっては、中央と地方、中心と周辺との対立がある。ナショナリズムは、一国内部におけるナショナリスト集団と、それ以外の集団との対立をもたらす可能性がある。民族については、一国内部に多民族が存在する場合に、お互いに異なる民族であるがゆえに対立が引き起こされる可能性がある。言語をめぐる対立も同様に、一国内部に複数の言語が存在し、国民が言語によって複数に分かれている場合には、言語による対立が発生する可能性がある。

社会的亀裂は、歴史の経過とともに表出されてきた社会における対立軸であり、一朝一夕に形成されたものではなく、容易に解消できるものでもない。そのため、社会にいくつもの亀裂が存在する場合には、社会構造を規定し、政治にも大きな影響を及ぼすことになる。

リプセットとロッカンは、共編著『政党システムと有権者の編成——クロスナショナルな展望』(*Party Systems and Voter Alignments: Cross-National Perspectives*) において、社会的亀裂と政党システムとの関係に注目している。彼らによれば、政党は、歴史的に形成されてきた社会的亀裂を反映して誕生し、社会的亀裂に沿って投票行動を行う有権者の代表として活動する。そのため、政党システムは、社会的亀裂に沿った政党と有権者との編成を反映することになる。

彼らは、ヨーロッパの政党システムが、どのような社会的亀裂によって、どのように規定されているかという点を論じている。そこで導き出されたのが、有名な「凍結仮説」である。「凍結仮説」

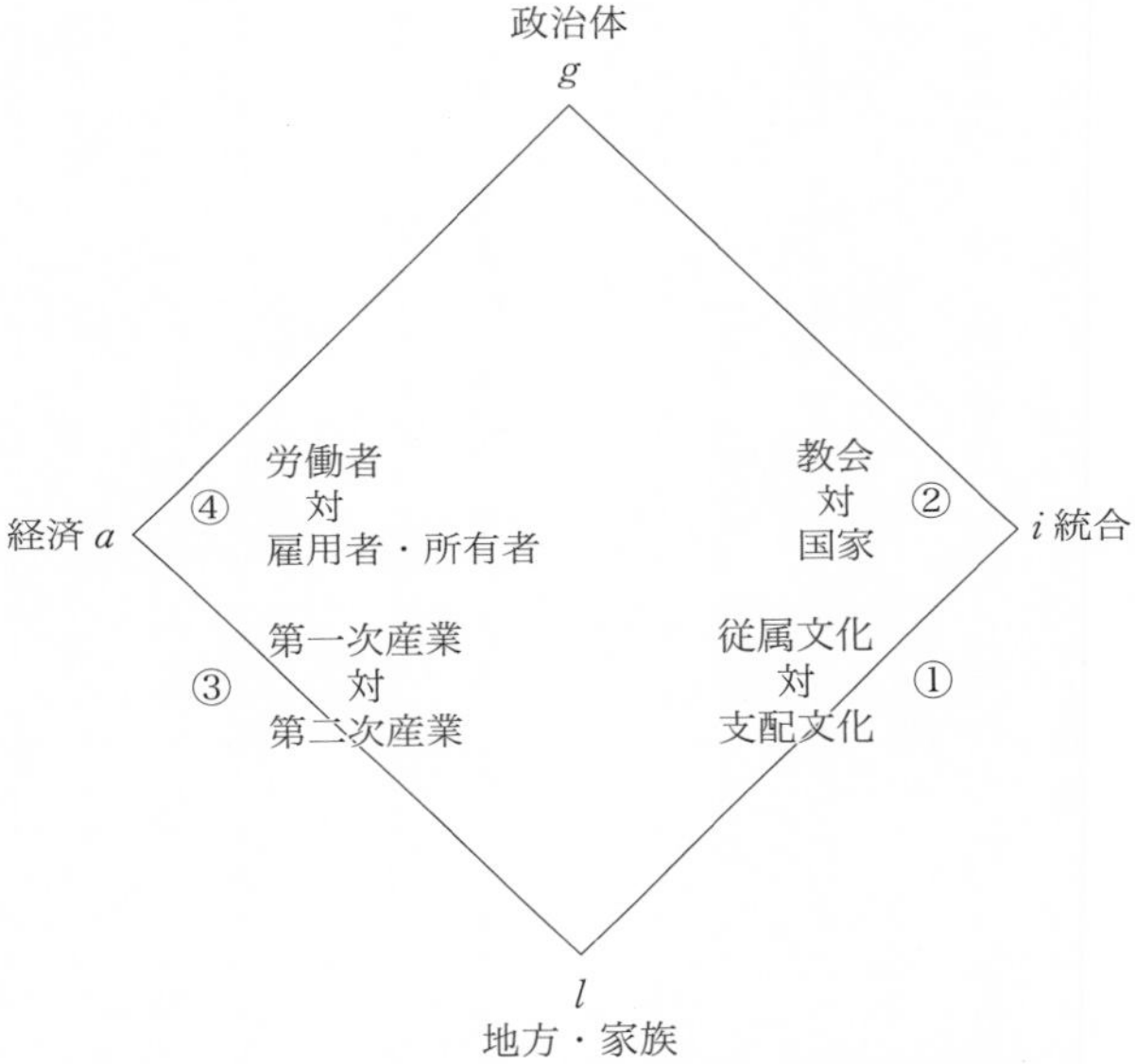

図 3–1　*agil* パラダイムにおける4つの重要な亀裂の位置づけ

出所：Lipset and Rokkan 1967: 14.

とは、「一九六〇年代の政党システムは、わずかではあるが、重要な例外はあるものの、一九二〇年代の亀裂構造を反映している」というものである。

　リプセットとロッカンによる「凍結仮説」では、政党システムと社会的亀裂とのかかわりが論じられているが、とりわけ、政党システムの形成要因として、社会的亀裂を明確に位置づけている。そう考えると、社会的亀裂という、いわば非制度的な要因を、政党システムの規定要因として取り扱うことができる。

　彼らは、パーソンズ（Talcott Parsons）の *agil* モデルを引用し、まず、ヨーロッパの近代化においてもたらされた二つの革命に目を向けた。ここでいう二つの革命とは、「国民革命」と「産業革命」である。*agil* モデルのうち縦軸に位置する g－l 軸は、領土的および文化的（Territorial-Cultural）な次元を構成している。g が領土的な意味での中心と文化的な意味での中心を示し、l が領土的な意味での周辺と文化的な意味での周辺を示している。g－l 軸は、国民革命の後に重点が置かれるようになったとされる。

それに対して、a－i 軸は、産業革命以降に重点が移ったとされる。横軸に位置づけられる a－i 軸は、機能的（Functional）な次元を構成している。a 側は経済的な機能を意味し、i 側は政治的な機能を意味している。

国民革命は、「中心－周辺」の対立による亀裂と、「国家－教会」の対立による亀裂を生み出した。「中心－周辺」亀裂は、地理的および文化的な意味での中心と、地理的および文化的な意味での周辺との対立による亀裂である。「国家－教会」亀裂は、国家が中央集権化し、標準化し、国民の動員を行うようになった際に、従来の支配勢力であった教会と、新たに統治権力をもつようになった新興の国家との間で生じた対立によるものである。

産業革命は、「土地－産業」による亀裂と、「所有者－労働者」による亀裂を生み出した。まず、「土地－産業」亀裂は、第一次産業に属する土地所有者の利益と、第二次産業の新興企業家の利益との間の対立による亀裂である。「所有者－労働者」亀裂は、雇用者や生産手段の私的所有者と、被雇用者ないし労働者との間の対立であり、資本家と労働者との対立といいかえることもできる。

あらゆる政党の起源は異なる。歴史的にみて、比較的に早い時期に誕生した政党もあれば、そうでない政党もある。制限選挙の時代に起源をもつ政党もあれば、普通選挙制の導入以後に誕生した政党もある。政党が異なる起源をもつのは、誕生の時期が違うというだけではない。誕生の際に、どのような社会的亀裂を反映したか、どのような層の有権者を代表するために結成されたかが、その後の政党の性格を規定するのである。

それだからこそ、社会的亀裂によって政党と有権者との編成が形成されるのであり、「凍結仮説」が導出されたのである。ヨーロッパ全体を見渡すと、各国に共通した動きがあるのも事実である。それを説明するのが、「政党のファミリー（families）」という捉え方である。「政党のファミリー」は、西欧諸国に共通してみることができる政党のグループ分けを行ったものであり、保守党、自由党、中道政党、社会党、共産党というように、政党を大別する。リプセットとロッカンによって示された四つの社会的亀裂は、政党のファミリーにも対応している。ヨーロッパの政治発展に目を向けると、社会的亀裂の存在は、さまざまな政党の誕生に影響を及ぼしており、それにともない、政党システムの形成にも影響を及ぼしてきた。

リプセットとロッカンによれば、政党システムと社会的亀裂は、社会における抗議の表明と利益の代表に対する敷居（threshold）の高さの程度に関連している。抗議表明と利益代表は、敷居を越えることではじめて実現する。ある亀裂をめぐり対立する状況になったとき、エリートや、ある集団が社会に対する抗議の表明を行い、利益の代表を行うのに成功すれば、敷居を越えることができる。そのため、社会的亀裂によって政党と有権者とが編成されることになる。つまり、敷居を越えることができない限り、社会的亀裂と政党システムとの関連は注目に値しないのである。

その敷居としては、正統化（legitimation）、編入（incorporation）、代表（representation）、多数派の権力（majority power）の四つが挙げられる。

正統化の敷居とは、あらゆる抗議が陰謀によるものとして拒絶されるか、それとも嘆願、批判、抵抗の権利がある程度は認められているかという点である。あるエリートや集団にとって、あらゆる抗議が拒絶されたり、さまざまな権利が認められていなかったりする場合は、正統化の敷居が高すぎるということであり、この敷居を越えること自体が大きな課題となってしまう。

第二に、編入の敷居とは、運動の支持者が代表選出への関与を否定されているか、それとも反対派と同等の政治的権利が与えられているかという点である。この敷居は、新しい亀裂によって生まれた新たな勢力が政治へ参加することができるか否かという点を意味している。

第三に、代表の敷居は、新しい運動勢力が代表機関への接近を確実なものとするためには、より大規模な古い運動勢力と一緒にならなければならないか、それとも新勢力自体で独自の代表を獲得できるかという点である。新興勢力が代表を送り込む際に、敷居が高いか低いか、独自の代表を送り込むことができるか否かという点は、代表のあり方を考えるときには大きな問題となる。

歴史的にみると、普通選挙制の導入は、それ以前よりも代表の敷居を低下させることになった。それにともない、一般大衆の政治参加が実現し、新しい政治勢力が政治の表舞台に登場した。具体的には、大衆政党の登場により、政党システムにおいて競合する政党の数や種類、政党それ自体の組織形態も多様化した。たとえば、労働党や社会党などは、資本家と労働者との対立がみられるときに、大衆政党として労働者の利益を代表する役割を担ったのである。

第四に、多数派の権力の敷居とは、体制内部に多数決原理に反対する内在的な妨害や敵対勢力が存在するか。また、選挙に勝利した政党や同盟に対して、一国の構造改革を行うほどの権力を与えるか。選挙で議会の多数派となった勢力が政権を獲得し、政策を決定し、実施することができるように保障されているか否かは、民主主義における政権の形成や政権の交代にとって重要な問題である。

リプセットとロッカンによれば、政党や政党システムに関する初期の比較研究は、議会における野党の出現や出版の自由、選挙権の拡大などにみられるように、一つ目の正統化の敷居と二つ目の編入の敷居に焦点を向けており、それらの敷居が低くなるのにともなって、競合的な大衆政党が台頭した点に注目していた（Lipset and Rokkan 1967）。一九二〇年代以降は、第三の代表の敷居と第四の多数派の権力の敷居に焦点が向けられ、政党システムの形成や機能にとって、選挙制度の帰結や決定作成領域の構造がどのようにかかわっているかについて注目されるようになった。

とりわけ、選挙制度と政党システムとの関係は、両者の因果関係をめぐり、各国の現実をふまえて論じられた。たとえば、選挙制度は、政党の形成を妨げたり、遅らせたりするとしても、ひとたび政党が形成され確立した地位を築いた場合には、選挙制度を変えることにより、政党の性質を変えることが困難になる。政党は、自らにとって有利な結果をもたらす選挙制度を好むであろうし、選挙制度を独立変数とし、政党システムを従属変数として取り扱うことは、あまり意味をなさない。文化的に同質的な地域の場合には、選挙制度が単純多数代表制であっても二つの政党の対立をもたらすが、地域的な亀裂がみられる場合には、さらに他の政党の出現をもたらす可能性がある。

初期の選挙制度は、新興政党に対して高い敷居を設けていた。労働者階級の運動が自分たちの代表を議会に送り出すために議席を獲得するのは容易ではなかった。しかし、新興階級の参入に対しては、国ごとに選挙制度が異なっており、大きな違いがみられた。英米型の単純多数代表制や二回投票制は、新興政党の参入が困難であった。比例代表制の導入は、台頭しつつある労働者階級が代表の敷居を低くするように求めるとともに、既存政党が普通選挙制の導入により新たに動員される有権者に対して脅威を感じて自らの立場を守るために（比例代表制という）新たな選挙制度を求めた結果として実現した。新興勢力による下からの要求と、既存勢力による上からの要求とが一致したことで新たに比例代表制が導入されたのであった。

四つの敷居の存在は、社会的亀裂による政党と有権者との編成に結びつくものであった。二〇世紀初頭の西欧諸国では、その時期に生じた代表の敷居の低下により、四つの社会的亀裂に沿った政党と有権者との編成がみられた。政党システムが亀裂構造を反映するという「凍結仮説」は、そこから導き出されたものである。

一九六〇年代の政党システムに反映されているという、「中心－周辺」、「国家－教会」、「土地－

表 3-2　4つの亀裂発生の転機と争点

亀裂	重要な転機	争点
中心－周辺	宗教改革－反宗教改革：16-17 世紀	国教 vs. 超国家的宗教 国家の言語 vs. ラテン語
国家－教会	国民革命：1789 年とそれ以降	大衆教育の世俗支配 vs. 宗教支配
土地－産業	産業革命 19 世紀	農産物の関税率： 企業活動の統制 vs. 自由
所有者－労働者	ロシア革命： 1917 年とそれ以降	国家への統合 vs. 国際的な革命運動へのかかわり

出所：Lipset and Rokkan 1967: 47.

産業」、「所有者－労働者」の四つの社会的亀裂は、一九二〇年代には一通り出揃っていた。そのため、「凍結仮説」においては、一九六〇年代の政党システムが一九二〇年代の亀裂構造を反映するという表現になった。

しかし、後のロッカンの論文では、社会主義政党の登場により、国民革命や産業革命に続く革命として、一九一七年のロシア革命が考慮の対象となっている。そこでは、ロシア革命に関連して、「国際革命」と、それにともなう「共産主義－社会主義」の亀裂がさらに追加された（Rokkan 1971）。ロッカン自身が北欧のノルウェー出身の政治学者であったことを考えると、「共産主義－社会主義」の亀裂は、社会民主主義のスカンジナビア的な発想が背景には存在するように思われる。

リプセットとロッカンによれば、「高度大衆消費」時代のヨーロッパにおける競合的な政治の重要な特徴を示したものとして、凍結仮説は捉えられていた。「政党という選択肢は、非常に多くの場合に、政党組織もそうであるが、一国における有権者の多数派よりも年齢を重ねている」のである（Lipset and Rokkan 1967）。

西欧におけるほとんどの有権者にとって、現存の政党は、子どもの頃からみられた政治的風景の一部であったし、少なくとも投票日に初めて直面した選択肢のうちの一つとして存在してきたものだとされる。それだからこそ、リプセットとロッカンは、凍結仮説において、政党と有権者との結びつきの連続性を強調し、政党システムの形成にかかわる要因として社会的亀裂を位置づけたのであった。

6 凍結仮説のその後

「凍結仮説」は発表以来、政党システムだけではなく、広く政党政治にかかわる分野の研究においても、選挙や投票行動などの関連領域においても言及され、人口に膾炙したものとなった。本章では、政党システムとのかかわりにおいて、凍結仮説を取り扱っているが、内容的に考えると、政党や政党システムとのかかわりではなく、むしろ社会的亀裂や亀裂構造とのかかわりにおいて凍結仮説を論じることも可能である。

二〇〇一年には、カルヴォネン（Lauri Karvonen）とクーンレ（Stein Kuhnle）によって『政党システムと有権者編成・再訪』(*Party Systems and Voter Alignments Revisited*) がまとめられ、リプセット、アラート（Erik Allardt）、メア、カッツ（Richard S. Katz）、ドガン（Mattei Dogan）、ペソネン（Pertti Pesonen）、綿貫譲治、リンス（Juan J. Linz）、デショウワー（Kris Deschouwer）など、一九六七年の『政

党システムと有権者編成』の執筆者とともに、新旧を代表する政党研究者の論考が掲載された(Karvonen and Kuhnle 2001)。そこでメアは、凍結仮説を再検討している(Mair 2001)。

メアによれば、リプセットとロッカンによる豊かで長文の論考が主に扱っていたのは、政党や政党システムについて繰り返し言及していたとはいえ、むしろ社会的亀裂や亀裂構造であったとされる(Mair 2001: 27)。実際に、一九六〇年代の政党システムの存続や凍結が、一九二〇年代にみられた元々の「亀裂構造」を依然として反映しているという点を規定したものであった。メアが指摘するのは、凍結仮説において、凍結しているようにみえるのは亀裂構造であり、政党や政党システムは外見上、静止状態にあるに過ぎないという点である。

凍結仮説に改めて目を通すと、「政党システムは亀裂構造を反映している」というのが基本的な部分であり、政党システムは一九六〇年代のものであり、彼らの議論が提示された当時の状況を示しているが、亀裂構造は一九二〇年代のものがそのまま数十年後にもみられることを意味している。一九六〇年代に一九二〇年代のものがそのままみられるというのであり、政党システムが亀裂構造を反映しているとしても、それは当時のリアルタイムであった「現在(一九六〇年代)」のことである。政党システムを当時の静止状態として位置づけると、変わらずそのまま「凍結」しているのは、一九二〇年代の亀裂構造である。

その意味で、凍結仮説は、「一九二〇年代の亀裂構造」が凍結していることを述べたものであり、リプセットとロッカンの主たる関心が社会的亀裂や亀裂構造にあったと考えることができる。二人の共著者のうちリプセットは、それ以前に『政治のなかの人間』(*Political Man*) を著した際に、民主主義における階級闘争について論じており、階級をめぐる社会的亀裂の存在に注目していた (Lipset 2001: 5)。リプセットによれば、本質的に亀裂は制度化されてきたものであり、彼は、亀裂の存在を前提として民主主義や政党について論じていた (Lipset 1960; 2001)。凍結仮説のもう一人の著者であるロッカンもまた、西欧の政治発展を体系的に論じているが、彼の一貫した問題意識には、「中心－周辺」という亀裂がみられた(1) (Rokkan 1970)。

メアは、凍結仮説が曖昧さを残したことにより、その後の議論に混乱をもたらしたと指摘している (Mair 2001)。まず、社会構造と投票行動とのかかわりに注目して、凍結仮説を検証しようとする場合には、特定の政党選択にかかわる地位と亀裂とを結びつけるかたちで議論が行われてきたとされる (Franklin *et al.* 1992)。また、選挙の安定性や不安定さという点から凍結仮説を検証しようとする場合には、有権者と政党との関係に目を向け、総体的なレベルでの有権者の安定性や流動性について明らかにしようという試みがなされてきた (Rose and Urwin 1970; Pedersen 1979; 1983; Maguire 1983; Shamir 1984; Bartolini and Mair 1990)。メアは、これまでに蓄積された先行研究をふまえ、凍結仮説として考えてきたことが経験的観察であり、実際には仮説ではなかったのではないかという指摘を行っている (Mair 2001)。ここでも彼は、果たして何が「凍結」されてきたといえるかについて議論を進めている。

メアの考えによれば、リプセットとロッカンは、いかに政党システムが(一九二〇年代あたりに)

	政党：凍結	政党：凍結せず
政党システム：凍結	I	II
政党システム：凍結せず	III	IV

図3-2　凍結のタイプ

出所：Mair 2001: 41.

構造化ないし制度化されたかについて関心をもっていたのではないかとされる（Mair 2001: 36）。ここでいう構造化ないし制度化は、亀裂構造、制度的制約、社会的政治的動員のパターンの間でなされた相互作用の結果を意味している。当時、制度化がその後どのように維持されるかについては関心が向けられていなかったため、この点については説明を要しなかったというのがメアの認識である。

さらに、メアは、「個々の政党の凍結」と、「凍結」や「政党システム」とを分けるとともに、国ごとの特徴をふまえて「凍結の過程」を四つのタイプに分けた（Mair 2001: 40）。図3-2は、政党システムと個々の政党の両方が強固に制度化されている「凍結」の最も極端な事例を示している。たとえば、左上のIに関する最も適切な事例として、第二次世界大戦後のイギリスをはじめ、第一共和政下のイタリアや第二次世界大戦後のドイツなどが挙げられる。タイプIIの事例として、フランス第五共和政、第二次世界大戦後のアイルランド、二〇世紀の米国などが挙げられる。この時期は、相対的に流動的で適応可能な政党と、長期にわたって安定的な政党システムによって特徴づけられる。米国は二党制であり、フランスは二極化した政党システムであり、アイルランドでは典型的にフィアナ・フォイルと、それ以外の勢力という構図であった。

タイプⅢの事例は、多極共存型民主主義が顕著であった頃のオランダであり、その後は珍しくなったとされる（Mair 2001: 41）。個々の政党は、それぞれの柱ないし列柱に深く根付いており、ほとんどの政党がアイデンティティや首尾一貫性を欠き、連立可能な立場にある。政党システムは安定していない。最後に、タイプⅣは、政党と「システム」そのものの両方が不完全であり、旧共産圏の新興民主化諸国を事例として挙げることができる。

メアによれば、亀裂は主に、凍結の過程の終わりに政党に結びつくものであり、政党システムではない。政党の凍結が亀裂構造の凍結に由来するとはいえ、システムとしての政党システムの凍結と直接的に結びついているわけではない。もちろん、間接的な影響を無視することはできず、タイプⅠのように、亀裂が政党を凍結し、政党の凍結が政党システムの凍結に結びつく可能性は存在する。亀裂、政党、政党システムという三つの構成要素の関係は必然的ないし不可避のものではなく、タイプⅡのように、比較的に柔軟で不安定な政党がみられる凍結した政党システムや、タイプⅢのように、初期のオランダのように、凍結し、安定的な、高度に亀裂が拘束的な政党のみられる政党システムにおいては、異なる要因が構成要素間の関係に影響を及ぼしている（Mair 2001: 42）。

メアは、リプセットとロッカンが凍結の過程に主に注意を払ったというよりも、社会的亀裂や亀裂構造に注目していたと指摘した。彼の指摘をふまえると、タイプⅠが亀裂構造と政党、政党システムとの関係を「凍結」という点から説明しているとはいえ、他のタイプの事例も数多くみられる。

凍結仮説が読み方によっては、亀裂や亀裂構造の凍結が論点として重視されるのではなく、亀裂と政党や政党システムとが関係しているという外形上の論点、政党や政党システムが凍結することによって編成がなされるという形状をめぐる論点、さらには、有権者の投票行動などが論点とされてきた。その意味では、凍結仮説の曖昧さが議論の裾野を広げたともいえるし、議論を混乱させたともいえる。

凍結仮説をめぐる議論は、その後、政党システムの変容をめぐる議論の出発点にも据えられるようになった。リプセットとロッカンによる論考を再読すると、西欧諸国の政治発展の文脈において、競合的な政党システムの形成が論じられており、「政党システムが亀裂構造を反映している」と書かれているとはいえ、あくまで「一九六〇年代」時点において、当時の政党システムが「一九二〇年代の亀裂構造」を反映していることに注意を払わなければならない。いいかえると、「一九二〇年代の亀裂構造は、一九六〇年代の政党システムに反映されていた」として捉えることが凍結仮説の理解に役立つかもしれない。政党システム変化が当たり前のように論じられているからこそ、「政党システムが亀裂構造を反映している」というよりも、「亀裂構造が政党システムに反映されている」という視点から改めて凍結仮説を吟味することには意味があるように思われる。

注

（1）ロッカンの「中心－周辺」をめぐる亀裂に関しては、たとえば、以下を参照されたい。Rokkan (1970); Rokkan and Urwin (1983)。

4　政党システムの変容

1　政党システム変化の可能性

一九八〇年代以降、政党システムが変化するか否か、変化しないならば、なぜか、変化するならば、どのように変化するか、変化の指標や変化の方向性、変化のパターンなどが論じられるようになった。研究成果の発表された時期は若干さかのぼるが、まず、政党システムは変化しないという立場をとっていたのが、ローズ（Richard Rose）とアーウィン（Derek W. Urwin）らである。彼らは、「一九四五年以降の西欧における政党システムをめぐる持続と変容」と題する論文において、西欧諸国における選挙結果のデータを用いて、凍結仮説の有効性を検証した（Rose and Urwin 1970）。

彼らの論文は、一九四五年以来、西欧諸国の政党システムで生じた変化や、変化が起こらなかった場合には、変化がみられなかったことについて、調査することを目的としていた（Rose and Urwin 1970: 288）。調査では、一九四五年五月九日から一九六九年一二月三一日までの約二五年間が対象となった。この時期が対象となったのには、それなりの理由がある。二五年という四半世紀の期間は、進化論的な変化が堆積されるのに十分な時間であるとともに、第二次世界大戦後の社会的な変化が一九六〇年代後半までに目にみえるかたちで実体のあるものとなったからである。彼らは、理論的にも実際的にも二五年間を時系列的に捉えることに意味を見出していた。

ここでいう「変化」とは、傾向、選挙での強さの変動、あるいは二つの組み合わせについて言及したものである（Rose and Urwin 1970: 291）。傾向とは、政党に対する投票の増減や、三回ないしそれ以上の選挙で、選挙ごとに交代が生じなかったことを示す。選挙での強さの変動は、より複雑なものである。そこで彼らは、西欧一九か国の政党システムにおける変化に注目した。その結果として引き出されたのは「凍結仮説」を支持する内容であった。彼らによれば、第二次世界大戦後の西欧諸国において、大部分の政党の選挙での強さは、選挙ごと、十年ごとでもほとんど変化していないとされた（Rose and Urwin 1970: 295）。

2　選挙ヴォラティリティ

特に一九六〇年代以降、西欧の政党システムは過去の社会的亀裂による構造を反映し、一貫して安定した構造を保っているという見方が広く共有されていた。しかし、一九七〇年代後半から八〇年代にかけて政党システムの安定性や不変性が適切ではないと指摘されるようになった。一九八〇年代に入ると、政党システム変化は、当然視されるようになった。

一九六七年に、リプセットとロッカンが政党システムの凍結仮説を提示し、一九七〇年には、ローズとアーウィンが凍結仮説を支持した。リプセットとロッカンの議論は、社会的亀裂による政党と有権者との関係が編成されていることを示しており、凍結仮説に示されるように、普遍化ないし理論化を志向したものであった。(1) ローズとアーウィンは、第二次世界大戦後のヨーロッパにおける選挙結果を用いて、凍結仮説の検証を行った。

一九七〇年代から八〇年代にかけて、欧米の先進工業民主主義諸国では、現実の政治が大きく変化した。政権交代をはじめ、新しい政党の誕生、政策課題の大幅な変更、有権者の投票行動の変化、有権者の価値観や政治意識の変化、政治腐敗、政府に対する国民の信頼低下など、現在に至る政治的な変化は、この時期からつながっている。(2) 当時みられた政治的な出来事が現在では日常的に目撃できるようになったともいえる。

ペデルセン（Mogens N. Pedersen）もまた、ヨーロッパにおける現実政治の変化をふまえて、政党システム変化について説明した一人である（Pedersen 1979; 1983）。ペデルセンは、政党システム変化を説明する指標として、選挙ヴォラティリティ（electoral volatility）という概念を提起した（Pedersen 1979; 1983）。

ペデルセンによれば、政党システム変化は、議会と政府のレベル、政党組織のレベル、有権者のレベルという三つのレベルでみられる政党間の相互作用と競合のパターンにおけるすべての変化にかかわることを意味する。選挙ヴォラティリティに関する議論は特に、有権者のレベルに焦点を合わせている。選挙ヴォラティリティとは、個々人の投票が変化して引き起こされる選挙の際の政党システムにおける正味の変化のことである。つまり、選挙の際に、個々の有権者が支持する政党を変えることによりもたらされる変化の中身を数値化したものである。そのため、選挙ヴォラティリティのことを、有権者の政党選好の変化を装飾的に表現しただけだという指摘もみられる（Crewe 1985: 8–9)。

選挙ヴォラティリティは、投票のレベルで「ネット・ヴォラティリティ（net volatility）」と「総体的ヴォラティリティ（overall volatility）」とに分けられる。まず、ネット・ヴォラティリティは、選挙区、地域、あるいは全国レベルの選挙で明らかになるものであり、各党の変化に言及している。測定に際しては、ペデルセンの考案した「ペデルセン指標（Pedersen Index）」が用いられる。「ペデルセン指標」については、以下のような説明がなされている（Pedersen 1979; 1983）。

まず、Pi、tは、得票率を示している。それは、政党iが選挙tで獲得した得票率のことである。そこで前回の選挙からの政党iの勢力は、$\Delta Pi, t\text{-}Pi, t\text{-}1$ という式で示される。

そして政党システムとの関係は、次のような式で示される。

$$選挙\ t\ での全体の正味の変化\quad (TNCt) = \sum_{i=1}^{n} |\Delta Pi, t|$$

（Total Net Change）

$$0 \leqq TNCt \leqq 200$$

nは、二回の選挙で競合している政党の総数を示している。

勝利した政党が獲得する正味は、数字でみると、選挙で負けた政党が失った総数と等しくなる。

また、

$$\text{Volatility}\ (Vt) = \tfrac{1}{2} \times TNCt$$

$$0 \leqq Vt \leqq 100$$

Vtとは、単に政党システムにおける勝利政党が獲得したものを累積したものである。いいかえれば、負けた政党が失った数の累積でもある。

総体的ヴォラティリティは、グロス・ヴォラティリティ（gross volatility）とも呼ばれる。全国での大規模なサンプル調査によって明らかになる個人の投票行動における変化の総量を説明する。この場合には、パネル調査が理想的な測定方法だとされる。

ペデルセンは、一九四八年から七七年までに行われた選挙を対象に、西欧一三か国の政党システムでみられたネット・ヴォラティリティを調査した。この期間は、一九四八〜五九年、一九六〇〜六九年、一九七〇〜七七年に分けられ、各期間の選挙ヴォラティリティの平均値が計算されている。

まず、一九四八～五九年の選挙ヴォラティリティの平均は、七・八であり、続く一九六〇～六九年は七・三である。二つの期間の数値はあまり変わりがない。これらの期間は、凍結仮説が提起された時期とも重なるし、ローズとアーウィンが凍結仮説の有効性を支持した時期とも重なる。その意味では、政党システムの安定性が確認できた時期だといえる。そのため、この時期の議論は、政党システムの安定性や不変性が主な論点であったといえる。

しかし、一九七〇～七九年には、選挙ヴォラティリティの平均が九・二に上昇した。この点から、政党システムが不安定であることや、変化しているという指摘がなされるようになった。また、選挙ヴォラティリティが有権者の政党支持とも関連していることから、有権者の投票行動が変化もしくは流動化しているという見方も示されるようになった。

その後、選挙ヴォラティリティは、政党システム変化を捉えるための指標の一つとして用いられるようになり、現在に至っている(3)。選挙ヴォラティリティは、ある選挙と、その前の選挙との間に生じた政党間の勢力変化の総和を示している。角度を変えてみると、政党に対する有権者の支持の変化によってもたらされた結果を示しているといえる。しかし、その数値だけみても、有権者の政党支持がどのように変化したかは明らかにならない。選挙ヴォラティリティの数値が高いときには、政党システムが変化しているとしても、政党システムの何が変化しているか、どのように変化したかについては、選挙ヴォラティリティによって理解することはできない。それは、あくまでも変化を示す指標の一つでしかないことに留意しなければならない。

また、政党システムにおいて、各党の勢力がどのように変化したかについては把握できない。たとえば、分極化した政党システムにおいて、前回の選挙では右派政党が圧倒的な勝利を収めたが、次の選挙では左派政党が圧倒的な勝利を収めた場合に、有権者の投票行動は右派から左派への大幅な支持の変化であり、左派政党の勝利を志向したものであったことについての説明はなされない。政党間の勢力関係に変化が生じた際に、政党システムの変化がみられるとすれば、選挙ヴォラティリティの概念は、そこでの政党間の勢力分布を説明することができない。

さらにいえば、政党システムが社会的亀裂とかかわりをもっており、社会構造が変化する場合に、政党システムも影響を受け、変化したとしても、その点を選挙ヴォラティリティの数値は説明することができない。一九七〇年代後半に数値の上昇がみられたが、なぜ数値が高くなったか、どのような変化が生じたかなどについて説明するものではなく、選挙ヴォラティリティに注目することによって、政党システム変化の要因が何かを理解することはできない。

3　政党システムの競合構造

メアは、一九九七年に刊行された『政党システムの変容』(*Party System Change*)において、政党システム変化に関して、「競合の構造（structures of competition)」という概念を提起している（Mair 1997)。メアは、政党間競合を政府の形成をめぐる競合として捉え、相互に関連した三つの要因を

表 4-1　政党間競合の構造

	政党間競合の構造	
	閉鎖的	開放的
政権交代のパターン	完全な政権交代 政権交代なし	部分的な政権交代
代替政権の公式	ありふれた公式	革新的な公式
政権への接近	狭い範囲に限定	広範囲に分散

出所：Mair 1997: 212.

挙げている。第一に、所与のすべての政党システムにおける政権交代の有力なパターンに関する問題である。第二に、どの政党が政権党になり得るかという政権担当の組み合わせに関する安定性や一貫性の問題である。第三に、誰が統治するかという単純な問題である。これら三つの問題は、競合の構造を考える手掛かりとなる。

まず、政権交代のパターンに注目する。政権交代のパターンは、第一に、完全な政権交代（wholesale alternation）、第二に、部分的な政権交代（partial alternation）、第三に、政権交代の完全な欠如（non-alternation）という三つに大別される（Mair 1997: 207–9）。

完全な政権交代は、最もわかりやすい政権交代のパターンであり、現在の政権党が野党によって完全に取って代わられる場合のことである。代表的な事例としては、イギリスの政権交代が挙げられる。第二次世界大戦後だけでも、イギリスでは、何度も二大政党による完全な政権交代が行われてきた。同様の事例として、ニュージーランドも挙げられる。

イギリスにせよ、ニュージーランドにせよ、二つの政党が競合し、いずれか一方が政権を獲得し、政権交代がなされている。とりわけ、二党制の場合には、いずれか一方の勢力が政権に就くという点で、完全な政権交代が実現している事例である。多党制の場合にも、野党連合により単独与党が政権の座から引きずり降ろされ、完全な政権交代が実現した事例がある。たとえば、ノルウェーやフランスでみられた事例である。

第二に、部分的な政権交代は、現政権において、前政権を構成していた政党が少なくとも一つは含まれている場合のことである。たとえば、ドイツやイタリア、オランダにおける政権交代のパターンは、部分的な政権交代である。

第三に、政権交代の完全な欠如は、文字通り、政権交代がみられない場合である。このパターンは、サルトーリのいう「一党優位政党制」の特徴と重なりをもつ。同じ一つの政党、あるいは同じ複数の政党が長期にわたって政権の座に留まっている場合には、完全な政権交代が起こらず、部分的な政権交代さえも起こらない。たとえば、第二次世界大戦後のスイスでは、同じ四つの政党が長期間にわたり政権を担当していた時期がある。一九五五年以降の日本も、これに該当する事例として取り扱うことができる。インドの国民会議派も一九七七年に最初の敗北を喫するまでは、この事例に該当する。

次に、競合の構造に関する第二の要因は、政権を担当する政党の組み合わせの問題である。メアは、「代替政権の公式（alternative governing formulae）」と表現している。政権担当政党が「ありふれた（familiar）もの」か、それとも「革新的な（innovative）もの」かによって、政党システムは異なる。たとえば、二党制においては、たえず一方の勢力が政権に就くことが明らかである。政権交代は、二党の間で行われる。そのため、「ありふれた」公式によって政権が形成されていることになる。それに対して、「革新的」な公式とは、これまで政権に就いたことがない政党が政権に就くことであり、この場合は明らかに「革新的」ということになる。また、以前に政権担当の経験がある政党が政権に返り咲いたとしても、政権を構成する勢力の組み合わせが新しい場合は革新的な公式となる。

次に挙げることができるのは、誰が統治するかという問題である。つまり、どの政党が政権を担当するかということである。メアによれば、競合している政党が政権へ接近できるか否かという点は、政党システムの特徴を分けることになる。政権への接近が広範囲に分散されているか、それとも狭い範囲に限定されているかによって、それは異なってくる。このような区分は、サルトーリによる「分極的多党制」とも関連している。分極的多党制では、統治をめぐる競合から排除され、左右のイデオロギー軸の両極に反体制政党が存在するため、政権形成は主に中道で行われる。政権形成のためのパートナーとして、特定の政党が受け入れられずに常に除外されているか否かが問題になる。実際に、アウトサイダーとして取り扱われている政党が存在するか否かが重要になる。ある政党システムにおいて、他の政党からパートナーとして考えられることなく、常に排除される政党が存在するか否かが、この点を考える際の基準である。

これまで述べてきた三つの基準（政権交代の有力なパターン、政権担当政党の組み合わせ、政権党）を総合することにより、政党間競合について、二つの対照的なパターンが導き出される。一つは、相対的に「閉鎖的」であり、高度に予測可能な競合の構造である。もう一つは、相対的に「開放的」であり、全く予測不可能な競合の構造である。

メアによれば、閉鎖的競合構造の具体例として、イギリスや、一九九〇年代半ばまでのニュージーランドの政党システムが挙げられる。それ以外にも、一九五五年から九三年までの日本、一九四八年から八九年までのアイルランドがある。イギリスやニュージーランドの事例は、完全な政権交代が起こり、代替政権の公式がありふれたものであり、さらに、与党と政権担当能力のある野党という二つの政党の存在が特徴的である。

それに対して、開放的競合構造については、オランダやデンマークの政党システムが具体例として挙げられる。オランダの場合は、カトリック人民党やキリスト教民主アピールが長期にわたって政権内に留まっていたため、予測可能性が高まった。その点についていえば、オランダの政党システムは、部分的に閉鎖的競合構造であったといえる。デンマークの場合は、進歩党と社会主義人民党が政権から永続的に排除されてきた結果として、予測可能性がやや高かった。そのため、デンマークも部分的に閉鎖的構造をもっていたといえる。

閉鎖的競合構造は、伝統的な二党制の特徴をもつ。開放的競合構造は、むしろ多党制の特徴をもっている。閉鎖的競合構造において、完全な政権交代が起こるときには、政権担当政党も、政策についても、それまでとは全く異なる劇的な変化を経験する可能性がある。かりに政権交代が欠如する可能性もあり、全く変化しない状態が続く場合もある。しかし、政権交代があったとしても、二党制であれば、これまでの野党が与党になり、旧政権を担当していた与党が野党になるだけである。それだからこそ、「ありふれた」統治の公式だということになる。政権交代により、変化がもたらされたとはいえ、政権政党の組み合わせは予測可能な範囲内のことである。

開放的競合構造は、多党制においてみられるが、部分的な政権交代が起こったとしても、いつ、どのような政党が連立を組むことになるかという点については予測しにくい。そのため、閉鎖的競合構造と比べると、開放的競合構造は、予測可能性が著しく低くなる。多党制であることから、さまざまな連立の組み合わせが予想されるし、統治の公式は「革新的」なものとなる。

オランダやデンマーク以外に、新興の民主化諸国における政党システムでも開放的競合構造がみられる(Mair 1997)。新興民主化諸国の政党システムでは、民主主義の歴史そのものが比較的に浅いため、政党間競合がなされていたとしても、政党間の勢力分布は、まだ固定化していない可能性がある。

メアが具体的な事例として挙げている国をみると、閉鎖的競合構造の場合は、ニュージーランドにせよ、日本にせよ、アイルランドにせよ、過去の事例ばかりである。閉鎖的競合構造は二党制の特徴をもっているとされるが、世界の政党システムを一瞥すると、二党制の事例は驚くほど少ないことがわかる。二党制の代表的な事例として挙げられるイギリスでさえ、今や必ずしも二党制とはいえない状況にある。実際に、メアによる閉鎖的競合構造と二党制との関係は、限られた事例のみに該当する。それに対して、開放的競合構造と多党制との関係は、世界の多くの国が多党制であることをふまえると、多くの事例が該当する。

多党制の場合には、政党間競合において変化がみえやすい。たとえば、政党間競合において、既存政党の衰退や新政党の台頭が顕在化する。多党制では、連立政権が形成されることが多いため、連立のさまざまな組み合わせが考えられる。さらに、新興民主化諸国が開放的競合構造の新たな事例を数多くもたらす可能性もある。

このように考えてくると、政党システム変化は、選挙ヴォラティリティの数値の増減で示されるように、有権者の政党支持の変化という点だけではなく、政党間競合の構造という点からも捉えることができる。政党システムを構成する政党同士で繰り広げられる競合は、競合構造の違いによっても大きく影響を受けるからである。競合構造の違いに注目することによってみえてくるのは、政党システム変化という問題である。政党側に焦点を絞ると、政権交代や政党システムの流動化という現象に示されるように、政党システム変化の背景には、政党間競合が大きな影響を及ぼしていることが明らかになる。

4　政党システム変化の諸段階

これまでにとり上げてきた議論以外にも、政党システム変化をめぐる視点は数多く存在する。以下では、そのうちのいくつかに言及するが、これらに共通しているのは、欧米諸国における政党システム変化に関する研究によって引き出された知見であるという点である。したがって、これらの議論は、現実から抽出されたものであるため、各国の状況に規定される部分が少なくない。

一九八〇年代以降の政党システム研究においては、とりわけ、先進工業民主主義諸国の比較研究が数多くみられるようになった。たとえば、ヨーロッパ政治学会（European Consortium for Political Research）の共同研究は、このようなかたちでなされていることが多く、共同研究の成果は、共著書として刊行されている。多くの場合に、序章において、編者が共同研究の問題意識や概要、書物の理論的な枠組み、書物の構成などを説明し、終章において、結論をまとめている。他の部分では、十数か国の政党システムについて、各国の研究者がそれぞれ一つの国につき一つの章を割り当てられ、その国の政党システムを分析するスタイルが採用されている。

政党システム変化に関しても、同様の形式でまとめられている。(4) そこでは、先進国のみが取り扱われているため、各国に共通した現象がみられることも多い。たとえば、第二次世界大戦後の社会は、戦後の貧しい時代を出発点とし、徐々に復興を遂げ、豊かな社会へと移り変わっていった。大量消費や大量生産を経験し、豊かな社会となった後は、ポスト豊かな社会ともいうべき時代を迎えた。西欧諸国においては、それまでの物質主義的価値から脱物質主義的価値への価値観の変動がみられるという指摘がなされた。イングルハート（Ronald Inglehart）の表現によれば、「静かなる革命（Silent Revolution）」が起こったのである（Inglehart 1977）。

社会の変化にともなう、脱物質主義的価値観の登場は、有権者の政党支持や投票行動、新しい政党の登場などをもたらした。戦後生まれの有権者が成人し、政治に参加するようになると、有権者の間に価値観の違いが現れてくる。戦後生まれの有権者は、そもそも戦後の平和な時代に生まれたこと、高学歴化していること、職業がホワイトカラーであること、都市部に住んでいることなどの点で、それ以前の世代の有権者と異なる属性をもつ。そのため、政治に対する有権者の意識や態度に変化が生じる。

同時に、政党側にも変化が生じる。個々の政党の変化としては、環境保護政党のような単一争点政党が誕生したことや、既存の政党が新たに登場した政党によって地位を脅かされるようになったことが挙げられる。有権者の政党支持や投票行動の変化により、政党間の勢力変化が起こり、選挙ヴォラティリティの数値が上昇した結果として、政党システムが変化したという説明が可能になる。

たとえば、スミス（Gordon Smith）は、このような過程を経て、政党システムが変化したことを説明している。スミスによれば、第二次世界大戦後の先進諸国では、政党システムが三段階にわたって、変化を遂げてきたとされる（Smith 1990b）。その際に基準となるのは、政党間競合の方向性と、有権者の投票行動の安定性という二つの点である。政党間競合は、求心的な競合か、それとも遠心的な競合かという点で分けられる。有権者の投票行動は、安定（stable）しているか、それとも不安定（unstable）かという点で分けられる。これらの検討対象となった時期は、一九四五〜六〇年代までの第一段階と、一九六〇〜七〇年代までの第二段階、一九七〇年代以降の第三段階に分けられるが、特に第三段階では、変化が顕著になったとされる。

まず、最初の段階は、第二次世界大戦後から一九六〇年代に至るまでの時期である。この時期は、リプセットとロッカンによる「凍結仮説」に示されるように、政党間競合が遠心的で、有権者の投票行動は安定している段階であった。政党システムは、歴史的に形成されてきた社会的亀裂にもとづく亀裂構造を反映しており、政党システムは変化するというよりも、安定したものとして捉えられていた。表4-2では、右下隅のＩＡに該当する。ここでは、政党間競合が遠心的であるため、左右のイデオロギー的距離が両極に広がっており、社会的亀裂にもとづく政党と有権者との関係も明確にみられた。有権者の投票行動が安定していたことは、政党が安定した支持基盤をもっていたことを示す。スミスは、ＩＡをコア（core）モデルとして位置づけ、政党と有権者との安定した関係をここに見出している。

しかしながら、リプセットとロッカンが「わずかではあるが、重要な例外はあるものの」、政党システムは一九二〇年代のままであるという但し書きを入れたように、ある国の政党システムでは、この時期に有権者が不安定なまま動員されていた。このような場合は、政党間競合が遠心的で、有権者の投票行動が不安定であることからＩＢとして位置づけられる。

それに続く第二段階は、社会経済状況の変化に政党が適応した時期であり、一九六〇～七〇年代に至る時期である。当時は、キルヒハイマー（Otto Kirchheimer）によって包括政党（catch-all party）論が提起され、政党の発展に関する将来のシナリオが描かれた（Kirchheimer 1966）。キルヒハイマーによれば、政党は不可避的に、社会的変化による直接的な結果として、求心的な競合に導かれる。その意味で、社会の変化は、西欧の政党システム変化に影響を及ぼす要因として捉えられる。彼は、政党が選挙における得票最大化を目指して競合するのであり、包括政党が選挙での勝利を第一義的な目標とし、そのためにイデオロギー的であるよりもプラグマティックな立場をとることで選挙市場における有権者からの支持獲得を目指すようになるという。その結果として、政党間競合は求心的になる。

第二段階における有権者の行動は安定的であった。同時期に、ローズとアーウィンが「凍結仮説」の有効性を検証した際には、第二次大戦以降の西欧諸国におけるほとんどの政党の選挙での勢力が「選挙ごと、十年ごと、あるいは世代ごとでも、ほとんど変化していない」とされた（Rose and Urwin 1970）。それにしたがえば、有権者の投票行動は安定していることになる。第二段階では、政党が社会経済的変化に対応し、政党システム変化がみられたのである。スミスの表ではIIに該当する。政党間競合は求心的であり、有権者の投票行動は安定的であるとされる。

表 4-2　投票行動と政党間競合

		政党間競合	
		求心的	遠心的
投票行動	不安定	III	IB
	安定	II	IA

出所：Smith 1990b: 263.

これまでの二つの段階では、社会構造が政党システム変化に影響を及ぼすことを理解できる。スミスが意図したか否かにかかわらず、少なくとも彼の段階区分からは、社会的および経済的変化により社会構造が変化し、政党システムもまた変化したことを把握できる。しかし、表をみる限り、スミスは、政党間競合と有権者の投票行動という二つの基準だけで政党システム変化を区分しており、その点において社会構造が及ぼす影響を見出すことはできない。

「凍結仮説」は、社会構造にもとづいて政党システムが形成され、編成されることを説明し、「包括政党」論も第二次世界大戦後の貧しい社会から豊かな社会へと社会経済的変化がみられたことで政党や政党システムが変化したことを説明している。これらはいずれも社会構造の影響をふまえて政党システムの形成や変容について論じているところに特徴がある。その意味では、スミスの議論は、政党間競合と有権者の投票行動という二つの点から政党システム変化を説明しようとしたところに弱さがある。これら二点からは、社会構造が政党システムにどのような影響を及ぼすのかが明らかにならない。

第三段階は、一九七〇年代以降八〇年代（あるいは九〇年代以降）に至るまでの時期を含んでいる。この段階は、政党間競合が求心的であり、有権者の投票行動は不安定なものとされる。この時期になると、「凍結仮説」の有効性に対して疑問が示されるようになり、Ⅲに位置づけられる。この時期は、「選挙ヴォラティリティ」の数値によって特徴づけられる。選挙ヴォラティリティは、政党システム変化を示す指標であり、数値の増減が変化を示す。しかし、選挙ヴォラティリティの数値そのものが変化の程度を表現しているとしても、変化の原因や変化の背景にあるものまで説明することはできない。スミスの議論は、第一段階と第二段階については、社会構造と政党システム変化とのかかわりを捉える手掛かりとなったが、第三段階が選挙ヴォラティリティによって特徴づけられるというだけでは、それ以前の変化にかかわる議論を活かせないし、変化の中身を説明することにはならない。

5　政党システムの再編成と脱編成

それ以外にも、ドールトン（Russell J. Dalton）、フラナガン（Scott C. Flanagan）、ベック（Paul Allen Beck）らは、戦後の社会の変化と政党システム変化とを関連づけている（Dalton, Flanagan and Beck 1984）。彼らは、政党システムと有権者の編成に注目し、「再編成（realignment）」や「脱編成（dealignment）」という概念を提起した。彼らによれば、従来からの政党システムと有権者の編成は、社会の変化や有権者の価値観の変化により、大きな影響を受けたのである。ある国では、既存の編成が崩れ、新たな編成がつくられた。他のある国では、編成自体が意味をなさなくなった。

フラナガンは、選挙によってもたらされる「再編成」が基本的に、政党支持の変化と政党の得票の変化という二つの要因によって特徴づけられると指摘している（Flanagan 1984: 95）。有権者による政党支持の変化は、政党の政策やプログラムを変える。ポスト産業社会においては、伝統的亀裂が以前ほど影響力をもたなくなり、新しい争点をめぐって新しい亀裂が出現した（Knutsen 1988; 1990）。有権者は、これまで支持してきた政党の政策やプログラムが現実に見合わなくなると、政党支持を変更する。有権者が政党支持を変えることにより、従来の支持政党とは異なる他の政党を支持したり、新たに登場した政党の政策を支持したりする。他方で、有権者からの支持を今まで通りに獲得し続けようとして、政党自身が政策やプログラムの修正や変更を行う場合がある。また、政党の得票の変化は、政権党そのものを変える可能性を含んでおり、政党システムの編成においては重要な要因として位置づけられる。

「脱編成」とは、ベックによれば、従来から編成されてきた政党支持の基盤が衰退していることを意味している（Beck 1984: 233）。党派心が政党支持を長期にわたって決定づけてきたところでは、容易に脱編成がみられる。また、非常に変わりやすい投票行動や、新しい政党の急速な消長、非党派的な政治参加の形態の台頭、社会集団間の政党支持の衰退も脱編成をもたらす。脱編成は、政党への有権者の忠誠心の弱体化を意味する（Harrop and Miller 1987: 139）。ハロップ（Martin Harrop）とミラー（William L. Miller）は脱編成の過程を次の図4-1のように示している。

脱編成の過程はまず、既存の編成が世代交代によって浸食されることから始まる。その傾向は、社会構造の変化によって加速し、最初に、階級や宗教上の忠誠心の衰退が政党の背景にある伝統的な社会基盤を崩し始める。教育の普及は中産階級の拡大を促進する。第三に、マスメディア、とりわけテレビの登場により、政治的コミュニケーションのチャネルとしての政党機能の重要性が低下する。ここまでの段階で有権者レベルの脱編成が進行し、選挙での有権者の投票行動が流動化し、選挙ヴォラティリティの数値に変化がみられるようになる。

図4-1をみると、選挙ヴォラティリティの数値の増減が有権者レベルの脱編成と政党システムの変化を媒介しているようにみえる。ここで重要な点は、選挙ヴォラティリティの数値の増減よりも政党システムが党派の脱編成へとフィードバックして直接的に影響を及ぼしていることである。

図 4-1　脱編成の過程

出所：Harrop and Miller 1987: 140.

有権者レベルの変化が同時に政党システムの変化をもたらし、さらに焦点を絞ると、個々の政党レベルでの変化は、有権者に変化をもたらす。有権者の投票行動に焦点を向けるとともに、政党システムにおける編成の流動化を取り扱うことにより、政党側にも焦点を合わせることになる。

メアは、政党と有権者とのつながりという点から政党システムの将来像について論じている（Mair 1983）。メアによれば、有権者が政党に対して抱く二つの不満は、政党の存在そのものに影響を及ぼし、政党システムの将来を左右する。第一に、有権者は、彼ら自身との間の積極的な媒介物として、政党をあまり必要であると感じておらず、政党に対する「組織的な不満」を抱くようになった（Mair 1983: 425–6）。政党と有権者との関係は、従来のような継続的に同一政党を支持する関係ではなくなり、選挙ごとの政党支持の変更や、政党の得票の変化を示すようになった。有権者の組織的不満は、政党とのつながりそのものに関する変化であり、政党の役割に疑問を投げかけることになった。人びとの不満により選挙での投票率低下や参加の衰退が生じるのではなく、政党に対する忠誠心の浸食や、政党支持の変更、選挙ヴォラティリティの数値の増減が顕著になった（Mair 1983: 426）。その結果として、政党システムにおいて流動化がみられるようになったが、この場合は特に、政党システムの「脱編成」を引き起こす可能性がある。

第二に、有権者が、既成政党の政策や綱領などの「プログラムに対する不満」を抱くようになったことが挙げられる。有権者がこれまで支持してきた政党のプログラムに不満を感じることにより、新たに他の異なる政党が示すプログラムから自らの選好に近い立場の政党を支持するようになり、政党支持の変更が生じると、有権者の「プログラムに対する不満」は解消される。この点は、かつてダウンズが考えたように、有権者は自己の選好に見合う政党を選択するのであり、政党間競合の古典的なモデルにおいて示されている通りである（Downs 1957）。

しかしながら、既存の政党システムにおいては、代替政党として容認できるような政党が存在しないため、有権者は不満を抱くようになる（Mair 1983: 427–8）。あらゆる争点について、既成政党のうちに代替可能な政党が存在するとは限らない。新しい政党は、既成政党のプログラムに対する不満に端を発したり、社会の変化によって生じた新しい問題に対応したりするために登場する場合がある。たとえば、新しい政党は、環境や反移民など、既存政党が対応しきれないような問題に対する回答を単一争点として掲げて注目を集めた。その意味で、有権者のもつ第二の不満は、政党システムの「再編成」につながる可能性がある。政党システムの未来は、政党と有権者との関係がどのように変化するかによって、「脱編成」や「再編成」などのような編成に違いをもたらす。

もちろん、政党システム変化が再編成なのか、脱編成なのか、それとも変化自体がみられずに従来の編成のままなのかは、国ごとに異なっている。したがって、一九八〇年代以降に先進諸国の政党システムがすべて変化を経験し、従来とは異なる様相を呈するようになったわけではない。各国の政党システムにおいて、さまざまな変化のパターンが示され、変化の段階があることが明らかになったのである。

6 政党システム変化の規定要因

政党システムの形成に影響を及ぼす要因としては、選挙制度、社会的亀裂、政党の数、イデオロギー的距離などが挙げられる。これらは、デュベルジエ、リプセットとロッカン、サルトーリらの業績から抽出されたものである。これらのうち、選挙制度は、制度的な要因として位置づけることができる。社会的亀裂は、非制度的な要因として位置づけることができる。政党の数は、制度的および非制度的要因のいずれにも関係している。そのため、いずれか一方に区分けすることはできない。イデオロギー的距離は、非制度的要因に含まれる。

政党システムの形成要因には、制度的要因と非制度的要因とがあり、いずれか一方のみで、政党システムが形成されるのではない。二種類の形成要因がそれぞれの側面から政党システムの形成に影響を及ぼすことによって、政党システムの形状は規定される。それに対して、政党システム変化の研究では、政党システムの変化に影響を及ぼす（いいかえると、変化をもたらす）要因、つまり、変化の要因が何であるかという解明があまりなされていない。政党システム変化に関する議論においては、変化の尺度や、変化の測定、変化のパターンなどが主たる論点として取り扱われてきた。

そこでの議論は、政党システムの変化がみられるようになったこと、その変化をどのような尺度で把握できるかということ、変化の測定を行うにはどのような方法があるかということ、変化には多様なバリエーションがあり、それらをパターン化することができるということなどを論点として取り扱っていた。もちろん、議論の中身はそれだけではなく、変化をもたらす要因が何であるかを示唆する内容が全くみられなかったわけではない。たとえば、スミスによる政党システム変化の三段階に関する議論は、変化が引き起こされるまでの過程に注目しており、変化にともなう「時間軸」に注目したものとして捉えることができる。その意味で、変化を考える際には、「時間軸」も無視することはできない。

先進諸国において、政党システム変化が生じた際に、社会的な変化による影響に注目が集まった。社会的変化こそ、第二次世界大戦後の社会から徐々に社会が豊かになっていくことと、そこでもたらされる変化の過程を意味しており、時間軸に直結している。時間の経過とともに変化が生じるのであり、時間軸は変化と関連した要素として位置づけることができる。

社会的変化は、有権者の価値観の変化を引き起こし、さらに、政党システム変化と結びついたものとして捉えられる。リプセットとロッカンによる凍結仮説の有効性が問われはじめたのも、このような変化を受けてのことである（Bartolini and Mair 1990）。社会が変化したことにより、既存の凍結状態が溶け、従来からの政党と有権者との関係が変化したというのである。凍結仮説が考えているような政党システムと有権者との編成が過去のものとなり、政党システムの再編成や脱編成が引き起こされたという議論につながる。そう考えると、時間軸はもちろん、社会の変化、有権者の価値観、さらにいえば、社会的亀裂も変化にかかわる要因として挙げることができる。これらは、いずれも非制度的な要因である。

スミスの議論において、三段階を区分する際に基準として用いられていたのは、政党間競合と有権者の投票行動という二つであった。その点をふまえると、政党システムの変化は、政党間競合によって何らかの影響を受けるといえるし、有権者の投票行動によっても影響を受けるといえる。その意味で、これら二つの基準も政党システム変化の要因であると考えることができる。政党同士の競合が変化すると、そこで繰り広げられている相互作用には何らかの変化が生じ、結果的に、政党間競合の方向性なり、政党システムそのものの形状に変化が生じる。政党間競合は、政党システム内部の構造を形成している。たとえば、穏健な多党制や分極的多党制をみれば明らかなように、政党間競合が政党システムの性格を大きく規定する。そのため、政党システム内部の構造も注目し続けなければならない。

政党の勢力は、有権者の政党支持を反映している。政党間競合は、有権者の政党支持や投票行動を反映するし、政党と有権者との関係が政党システムを規定しているのは、明らかである。メアが提起した「競合の構造」という概念は、政党システム変化を考える際に役立つ。メアの議論は、政党間でなされる競合の構造がどのようなものであるかによって、政党システム変化に及ぼす影響が異なると考えており、政党システム変化の要因として、政党間競合を位置づけている。

したがって、政党システム変化は、変化へと至る時間（時間軸）とともに、社会的亀裂、政党間競合、有権者の投票行動などが要因となっていることがわかる。これらの要因は、政党システムの形成要因とも関連している。政党システムの形成も変化も、いずれも時間の経過と無縁ではない。社会的亀裂が政党システムを規定するという議論は、長い歴史的な時間軸から説明可能である。政党間競合は、政党システムの形成要因で言及した政党数やイデオロギー的距離と重なり合う内容である。有権者の投票行動は、部分的に選挙制度と重なってくる。そう考えると、政党システム変化の要因は、政党システムの形成要因とも重複しているように思われる。これらの要因は、制度的な要因と非制度的要因とに分けることができるが、両者が相俟って作用することで、政党システムは形成や変容を経験するのである。

注

（1） 篠原一は、彼自身の提起している「歴史政治学」について論じながら、ロッカンが歴史政治学の系譜に位置づけられる政治学者であることを指摘している（篠原 2007）。

（2） これらの点と政党システムとのかかわりについては、岩崎（1999; 2002）も参照されたい。

（3） 「選挙ヴォラティリティ」を用いた議論としては、さまざまなものが挙げられるが、たとえば、以下を参照されたい。Lane and Ersson（1987）; Pennings and Lane（1998）。

（4） たとえば、このようなタイプのものとしては、以下を参照されたい。Daalder and Mair（1983）; Mair and Smith（1990）。

5　一党優位政党制の形成と変容

1　一党優位政党制とは何か

一党優位政党制（predominant party system）は、サルトーリによる政党システムのタイポロジーにおいて提起された概念である[1]。同概念は、今や政党研究のみならず、比較政治学の分野で広く知れ渡った概念の一つとなっている。そのせいか、さまざまな国の政党システムが「一党優位政党制」という言葉で説明されるようになり、事例研究が蓄積されている（Pempel 1990）。

他方において、概念の普及にともない、概念そのものの中身を慎重に吟味することなく、性急に、ある国の政党システムを「一党優位政党制」として取り扱う議論もみられるようになった。そのため、ある国の政党システムにおいて、一つの政党が他の政党と比べて優位な立場にあるとき、それを一党優位政党制として捉えてしまうことがある。果たして、それほど簡単に捉えてしまってもいいのだろうか。

サルトーリが一九七六年に『政党と政党システム』を発表してから既に四〇年以上が経過した。彼が念頭に置いていた世界各国の政党システムは、国ごとに差異があるとはいえ、当時と今とでは様相を異にしている場合が多い。そのため、四〇年以上も前になされた政党システムのタイポロジーが現状とはかけ離れたものになっている。

かつては一党優位政党制とされた事例が、今日では異なるタイプの政党システムへと変化していることがある。たとえば、スウェーデンやインドの事例を挙げることができる。その逆の場合もあり、以前は他のタイプの政党システムであったものが、今では一党優位政党制として捉えられるようになった事例もある。

従来、日本の政党システムは、一党優位政党制とされていた。一九九三年の自民党の分裂や、非自民勢力による連立政権の誕生の際には、日本の政党システムが「二党制」になるか、それとも「穏健な多党制」になるかという議論もなされた。しかし、その点に関する議論は決着がつけられることなく、いつの間にか立ち消えてしまった。日本の政党システムは、今でも一党優位政党制といえるのであろうか、それとも、一九九三年の時点で一度は終焉を迎え、その後また新たなかたちで一党優位政党制が形成されたというべきであろうか。あるいは、一九九三年以降、現在に至るまでの日本の政党システムを一党優位政党制として捉えることは、必ずしも適切ではないのであろうか。

第二次世界大戦後に時期を限定すると、政党システム研究は、一九四五年以降、一九五〇年代から一九八〇年代初頭までの時期と、一九八〇年代以降から今日に至るまでの時期とで異なる視点を示している。前者の時期には、デュベルジェやサルトーリに代表されるように、政党システムのタイポロジーに関する議論が盛んになされた。それに対して、後者の時期には、政党システムの変化をめぐる視点が主流となってきた。両者の違いを考えると、タイポロジーの議論は、どちらかといえば静的なものになりがちであるのに対し、政党システム変化の議論は、変化そのものが研究対象となるため、動態的な内容となりやすい。これまでの政党システム研究においては、主に二つの論点が提起され、それぞれ異なる性格を帯びていた。

そのなかで、一党優位政党制は、どのように取り扱われていたのか、また、さまざまな研究の文脈において、どのように位置づけられるか。現時点で改めて一党優位政党制を考えるには、どのような論点が提起できるのであろうか。ここで関心があるのは、サルトーリが提示した概念の意味や内容が今でも有用なのか否かということだけではない。本章では、「一党優位政党制」という概念そのものを改めて考えることに主たる関心がある。以下の議論では、政党システム研究の主な論点に目を向け、理論的に、また現実の事例をも念頭に置きながら、一党優位政党制について検討する。

2　政党システムのタイポロジーと一党優位政党制

政党システムを「政党間競合による相互作用のシステム」として理解すると、政党システムにおいては、複数の政党が存在し、競合していることが前提となる（Sartori 1976）。一党優位政党制も同様に、二つ以上の政党が存在し、競合している。しかし、このタイプは、一党優位であることから、政権交代が起こらず、一つの政党が長期にわたって優位な立場を占めているような政党システムである。

サルトーリによれば、一党優位政党制とは、その主要政党が一貫して投票者の多数派（絶対多数議席）に支持されている政党システムである（Sartori 1976=2000: 328）。

サルトーリは、「一党優位政党制であるための資格は、一般的には、主要政党が絶対多数議席を確保していることである」と指摘している。「ただし、絶対多数議席をもたぬ政党であっても政権担当の資格があるとはっきり認められている国の場合は例外として同等に扱う」とし、さらに、「このような場合には、単独少数政権が持続力と有効性を失わない点にまで境界点を引き下げることができる」という留保条件をつけている（Sartori 1976=2000: 329）。

ここで気になるのは、一つの政党が優位な立場に留まることができるのは、なぜかという点である。その政党がとった戦略の結果、多くの有権者から支持を獲得し続けるのに成功したといえるのか。あるいは、優位政党に取って代わり得るほどの力をもった他の政党が存在しないのか。他の政党は、努力しているにもかかわらず、有権者からの支持獲得に失敗しているのか。それとも有権者自身が、他の選択肢があるにもかかわらず、長期にわたって一つの政党ばかりを支持し続けているのか。

さらに、一党優位の状況をつくり出したのは、誰なのかという問題にもつながる。優位政党の戦略勝ちという意味で、優位政党自身がつくり出したのか。敵失によって、優位政党がその地位を温存できていると考えれば、他の政党のおかげだといえるのか。それとも、長期にわたって一つの選択肢を支持し、選び続けている有権者こそが一党優位政党制をつくり出しているといえるのであろうか。

一党優位政党制においては、優位政党、他の劣位にある政党、有権者という三者の相互作用が繰り広げられている。そこでは、一つの政党が優位な立場にあり、他の政党が劣位にあり、有権者の多くが一つの政党を長期にわたって選び続けている構造がみられる。優位政党と劣位政党との関係についても、一党が絶対的に優位な立場にあるか、それとも相対的に優位な立場にあるかという違いにより、政権の基盤は異なる。絶対的に優位であれば、強力な政権となり得るし、相対的に優位であるとすれば、脆弱な政権となり得るからである。一つの政党の絶対的に優位な地位が確立するまでには、一定程度の時間が必要となるし、時間をかけて安泰な地位を構築してきたとすれば、政権基盤は固定化している可能性がある。

それに対して、ある政党が短期間で優位に立ったとしても、その地位は安定したものとはいえず、脆弱性を帯びた政権とならざるを得ない。この点は、政権に就く時期がいつなのかという点も関係している。

エイリアン（Alan Arian）とバーンス（Samuel H. Barnes）らの議論をみると、一党優位政党制が時間軸とも無関係ではないことがわかる（Arian and Barnes 1974）。彼らによれば、一党優位政党制における優位政党は、一定の期間を通じて支配的であるため、一つの時代と一体化しているという見方が可能になる。そこで例に挙げられているのは、イタリアのキリスト教民主党と、イスラエルの労働党・マパム連合である。いずれの事例に関しても、優位政党が、時代を画するような歴史的出来事から、さまざまな政治的資源を獲得したことを物語っている。

たとえば、憲法や政治秩序をつくり出すことで政治の中枢に自らを位置づけるのに成功し、草創期の諸制度を自らにとって有利なものにした。さらに、官僚機構には自らの勢力の息がかかった人材を送り込むことができた。一般の人びとには、その時代の英雄＝優位政党というイメージを植え付け、稀有な体験を積んだリーダーたちが幹部となるのに成功した。優位政党による利益配分も重要な要素であった。イタリアの場合は、第二次世界大戦後にファシズム体制が崩壊した時期にキリスト教民主党が第一党になった。イスラエルでは、建国以来、労働党・マパム連合が政権を担当していた。二つの事例とも歴史的に大きな転換点において中心的であった政党がそのまま優位な立場を確保し得たことを示している。

この点は、日本の自民党、スウェーデンの社民党、インドの国民会議派のそれぞれが優位政党になった時期を勘案すると、ある程度の説得力をもつ。日本の場合は、第二次世界大戦後の一九五五年に左右の社会党が統一したのと同時期に、自由党と民主党とが保守合同というかたちで自民党を結成した。スウェーデンの社民党は、普通選挙制と比例代表制の導入以来、長期にわたって政権に就いていたし、インドでは、国民会議派が国家独立以来の政権担当政党であった。

ある政党が、一党優位政党制における優位政党となるまでには、政権に就いてから一定の時間が必要になる。その時間を確保できるか否かは、政権に就くタイミングによっても異なる。タイミング次第で、優位な立場を容易に手に入れることができる場合もあるだろうし、それに失敗する場合もある。

「時間」という点について、サルトーリの言葉を引用すると、彼は、次のように述べている（Sartori 1976=2000: 333）。

一党優位政党が一党優位政党制を築き上げていくにはどれ位の時間がかかるのだろうか。議論のこの段階では、次の基準で満足しようと思う。もし、⑴有権者が安定しているようにみえ、⑵明らかに、境界点（絶対多数議席）を超えており（そして・または）、⑶第一党と第二党の差が大きければ、三回連続して絶対多数議席を確保するだけで十分な証しになると思う。逆に、⑴〜⑶の条件が一つでも欠けておれば、もっと時間が経つのを待って判断しなければならないであろう。

これまでの議論から一党優位政党制の形成に関しては、時間軸も考慮に入れなければならないことは明らかである。この引用箇所については、補足が必要となる。この部分では、優位政党、他の劣位政党、有権者という三者の構図が視野に収められている。ある政党が優位政党の立場を占めるには、有権者の多数派による安定した支持が必要となるが、さらに、連続三回の絶対多数議席の確保という条件も付けられている。政党間競合において、優位な立場を確保し続けるには、有権者からの支持が欠かせない。結果的に、優位な勢力とみなされるのは、絶対多数であり、しかも連続三回という基準も付いている。

したがって、一党優位政党制の形成には、優位政党が確保しておくべき「数（＝絶対多数議席）」と、「時間（＝連続三回の選挙）」とが重要になる。ある政党が、数の上で絶対多数議席を獲得していれば、確かに、優位な立場に自らを位置づけることはできるが、それだけでは不十分であり、時間という条件も加味されなければならない。

3　政党システム変化と一党優位政党制

政党システムのタイポロジーという視点から一党優位政党制について考えると、政党システムの一つのタイプとして、どのように定義づけることができるかとか、どのような特徴があるかという点に議論が集中する。そのため、政党システムのタイプに関する議論は、ある時点で形づくられた政党システムに焦点を絞り、それがどのようなものであるかを論じる以上、静的な性格となる可能性がある。いいかえると、タイポロジーは、ある時点における政党システムのかたちに注目することであり、政党システムの変化を意識したものとはなりにくい。もちろん、タイポロジーが、さまざまなかたちの政党システムのタイプ分けを行うことに主眼を置いている限り、それは避けて通ることができない。

サルトーリは、その点を意識したのか、「一党優位政党制には一党優位政党制でなくなってしまう可能性が常に孕まれている」(Sartori 1976=2000：334) と指摘し、一党優位政党制が二党制にも多党制にも変化する可能性をほのめかしている。しかし、彼は、政党システム変化に関しては、あまり言及していない。たとえば、一党優位政党制から二党制へ、あるいは一党優位政党制から多党制へというように、政党システムが時と場合によっては変化し、異なるタイプの政党システムになることを示唆している程度である。

この点は、一党優位政党制における優位政党が、連続した三回の選挙で絶対多数議席を確保するのに失敗した際に、起こり得る変化である。しかし、タイポロジーは、政党システムが変化している状況の説明を主たる目的としてはいない。タイポロジーは、ある時点における政党システムの形状を描写するのに留まっており、変化という視点を除外している。この点は、タイポロジーが静的な議論であるという批判を免れ得ないことにもつながる。

それに対して、一九八〇年代から今日までの政党システム研究において主流をなしている政党システム変化をめぐる議論は、動態的な視点をもつ。サルトーリが政党システムのタイポロジーを提起した頃とは異なり、一九八〇年代には、現実の政党システムにおいて、徐々に変化がみられるようになった。そこで必要になるのは、変化という現象を視野に入れた視点であり、動態的に現象を捉えることであった。政党システム変化に関しては、個別具体的な事例研究が多数なされている。しかし、政党システム変化とはどのような現象を示すのかという点については、意外に研究者の間で合意が形成されていない。たとえば、ある政党システムでみられた政党の離合集散による政党数の変化を政党システム変化とすることも可能であるし、選挙結果による各政党の勢力変化を政党システム変化として捉えることもある。

一党優位政党制を優位政党、劣位政党、有権者という三者からなる構造として考えると、政党システム変化を考える際にも、優位政党と劣位政党との間の政党間競合と、有権者との関係に目を向ける必要がある。それにより、一党優位政党制の変化も考えることができる。

たとえば、第4章で注目したように、スミスは、第二次世界大戦後の先進工業民主主義諸国における政党システム変化に注目している（Smith 1990b）。彼の議論を参照しつつ、政党システム変化という視点から一党優位政党制をどのように捉えることができるかを考えてみたい。

まず、スミスの議論においては、政党システム変化の第一段階は、第二次世界大戦後から一九六〇年代に至るまでの時期である。第一段階において、政党システム変化は、ほとんどみられず、安定していたと考えられる。この時期は、リプセットとロッカンの「凍結仮説」の議論に代表される。この段階の一党優位政党制に関しては、まさに「凍結仮説」が説明するように、政党間競合と有権者の投票行動とが安定した状況にあった。日本では、戦後の民主化を経て一九五五年に社会党と自民党という二大政党による「五五年体制」が形づくられたが、そのとき以来、日本の一党優位政党制の形成が始まっていた。スウェーデンでは、戦前から継続的に社民党が優位政党の立場を維持し続けていたし、インドでは、国民会議派が優位政党の立場を占めていた。いずれの一党優位政党制においても、政党間競合と有権者の投票行動の安定という点から同時期を理解することができる。

一九六〇年代以降、一九七〇年代になると、政党システム変化の第二段階を迎えることになる。この時期には、政党間競合が求心的となり、有権者の投票行動は、安定しているとされる。当時はまだ「凍結仮説」が有効だと考えられており、この点から有権者の投票行動が安定したものであるという説明につながる。しかし、第二次世界大戦後の社会的および経済的な変化が顕著になったのも同時期であり、このあたりから政党間競合に変化が生じ始めていた。キルヒハイマーの包括政党論では、政党が社会経済的な変化に適応することで、選挙での得票最大化を目指して競合するという説明がなされていた（Kirchheimer 1966）。政党は、イデオロギー的な立場よりもプラグマティックな立場をとることで、有権者からの広範な支持の獲得を目指すようになった。そのため、政党間競合は、遠心的競合から求心的競合へと変化した。

イタリアのキリスト教民主党は、この時期に優位政党の地位を手にしていた。同党は、優位政党であり続けるために、包括政党の道を選び、社会のすべての区画から動員を行おうとした。一党優位政党制の形成にあたっては、時間軸が無視できないことを既に述べたが、さらに、変化に対して、いかに対応するかという点も考慮に入れる必要がある。優位政党は、その地位を守り続けるためには変化への適応能力も問われる。

日本の自民党もまた、自らの性格を包括政党へと変えることになった。日本の政党システムにおいては、一九六〇年代から一九七〇年代にかけて、公明党をはじめ、民社党、社民連、新自由クラブなどが誕生した。いずれも野党であり、自民党の優位政党としての立場は揺るがなかったが、政党間競合への参入者が増えたことにより、少なくとも政党システムの競合性は増した。野党の多党化により、有権者の投票行動が不安定化する可能性もあった。しかし、そこで自民党がとった戦略は、包括政党化することで、従来の支持層に加え、新たな支持層を掘り起こすことであった。結果的に、自民党の戦略は成功し、一党優位政党制はそのまま存続し続けた。

第三段階は、一九八〇年代以降の時期である。スミスによれば、この段階は、「選挙ヴォラティリティ」によって特徴づけられる（Smith 1990b）。政党間競合は、求心的であり、有権者の投票行動は、不安定なものへと変化した。この点は、選挙ヴォラティリティの数値が大きくなり、有権者の投票行動に変化が生じていると考えられるようになったためである。

選挙ヴォラティリティは、あくまでも有権者レベルに焦点を合わせたものであり、有権者の政党選好の変化を表現したものに過ぎない。選挙ヴォラティリティは、政党システム変化の指標として多くの論者によって採用されているとはいえ、政党システム変化の中身がどのようなものであるかを説明するのではない。なぜ政党システムが変化したか、どのように変化したか、何が変化し、何が変化しなかったかという点は、選挙ヴォラティリティでは明らかにならない。

政党システムにおいて、政党間競合がなされている以上、有権者の投票行動の変化だけを基準にして政党システム変化を議論するのでは、変化の本質的な特徴を把握できない。一党優位政党制の事例についても、ある時期から選挙ヴォラティリティの数値が上がったという指摘はみられる。しかし、その点から一党優位政党制がどのように変化したかは不明である。

一党優位政党制の場合は、優位政党と劣位政党との間の競合がどのようなものであるかによって、政党システムそのものの特徴が大きく規定される。ある政党が、他の政党と競合しているにもかかわらず、長期にわたって優位な立場を保持し続けることができるからこそ、一党優位政党制たり得るのである。そのため、一党優位政党制については、政党間競合の変化が明確化されない限り、変化の本質的な特徴を捉えることはできない。

競合に変化がみられるとき、一党優位政党制にも変化の可能性がもたらされる。すなわち、優位政党の地位に揺らぎが生じ、一党優位政党制が崩れる可能性が生じる。砂田一郎は、一党優位政党制において、野党勢力が選挙での共同行動を成功させることで、現政権に代わり得る代替政権ないし代替連合を有権者に提示することができれば、与野党間の競合性を増すことになり、政権交代によるシステムの転換の可能性が高まると指摘している（砂田 1978）。一党優位政党制において、劣位政党の立場にある野党は、構造的には高度に分裂し、多党化しており、イデオロギー志向である。それに対して、与党たる優位政党は、包括政党化にみられるように、プラグマティックな立場を保ちながら、政権の座に留まり続ける。

したがって、一党優位政党制の変化の可能性があるとすれば、野党同士が分裂を回避し、一つにまとまり、現存の優位政党に対抗し得るほどの勢力を形成するときである。そのためには、各々が抱えるイデオロギーに固執しないことであり、野党連合がプラグマティックな態度をとることが重要になる。もちろん、与野党間の競合がどのような結果を導き出すかは、有権者の選択によって異なるが、そもそも与野党間のプラグマティックな立場をめぐる競合が生じた時点において、一党優位政党制は崩壊する可能性をもつ。

政党システム変化に関して、とりわけ「競合」に注目したのは、メアである（Mair 1997）。以下の記述では、既に述べた内容と重複する箇所もあるが、議論を仔細に検討するために、あえて重複を避けずに行論を進めていく。

メアは、政党間競合を政府の形成をめぐる競合として捉え、相互に関連した三つの要因を挙げている。まず、政権交代のパターンに関しては、大別すると、完全な政権交代、部分的な政権交代、政権交代の完全な欠如という三つが挙げられる。完全な政権交代とは、最も明白な政権交代のパターンであり、現職の政権担当者が野党によって完全に取って代わられる場合である。具体的には、二党制における政権交代のパターンが相当する。

部分的な政権交代と、政権交代の欠如の二つについては、一党優位政党制の国家でみられるパターンである。まず、部分的な政権交代とは、現職の政権内に前政権を構成していた政党が少なくとも一つは含まれている場合である。この事例に相当するのは、たとえば、イタリアのキリスト教民主党が長期にわたり政権に参加していたことである。政権交代の完全な欠如は、文字通り政権交代がみられない場合である。メア自身が指摘しているが、このパターンは、サルトーリによる一党優位政党制の特徴と一致している。同じ一つの政党、もしくは同じ複数の政党が長期にわたって政権の座に留まっている場合は、完全な政権交代はもちろんのこと、部分的な政権交代さえも完全に欠如する。

第二の要因に関して、メアは、政権党の組み合わせが「ありふれたもの」であるか、それとも「革新的なもの」であるかという点から説明している。政権党が事前に予想される場合には、新規性を欠くという意味で、「ありふれた」という表現となり、全く新しい政権党が誕生した際には、「革新的」という表現となる。一党優位政党制の場合は、一つの政党が与党の座にあり続けてきているという意味では、「ありふれた」政権として位置づけられる。

第三に、誰が統治するかという問題は、政党システムのタイプとも関連している。たとえば、ここでは、政党システムにおいて、政権への接近が各政党とも容易であるか否か、常に排除されているアウトサイダーのような政党が存在するか否かということである。この点もまた、一党優位政党制においては、一つの政党が長期にわたり政権の座を占めているという点からすれば、各党ともに政権への接近が容易ではないため、一党優位政党制を特徴づけることができる。

メアは、三つの要因を組み合わせて、政党間競合の二つのパターンを導き出している。第一のパターンは、閉鎖的競合構造とされ、相対的に「閉鎖的」であり、高度に予測可能な競合の構造をもっている。それに対して、第二のパターンは、開放的競合構造とされ、相対的に「開放的」であり、全く予測不可能なものである。二つのパターンのうちで、一党優位政党制の事例は、第一のパターンに該当する。大別すると、閉鎖的競合構造は、明らかに伝統的な二党制の特徴をもつのに対し、開放的競合構造は、多党制の特徴をもっている。一党優位政党制の場合は、ほとんどの場合に政権交代を欠いており、閉鎖的競合構造の特徴をもっているが、完全な政権交代が生じる際には、政権党も政策も、それ以前とは全く異なる大きな変化を経験する可能性がある。

このようにみてくると、政党システム変化は、選挙ヴォラティリティのように、有権者の投票行動の変化に焦点を絞っているだけでは、政党システムそのものの特徴がみえず、変化の実態もみえてこないことがわかる。同時に、政党システムが政党間の相互作用からなる以上、政党間競合の構造に注目することは、政党システムのタイプを考える際も、また政党システム変化を考える際にも有用である。

4　一党優位政党制の条件

一党優位政党制の変化には、二党制へと変化する可能性も、多党制へと変化する可能性もある。優位政党と劣位政党との間でみられる競合の構造と、有権者の投票行動との変化によって、政党システムが変化する可能性は常に存在する。たとえば、一党優位政党制が二党制になるとしたら、次のような二つのケースが想定される。

第一に、現存の優位政党に対して、一つの劣位政党が有権者から多くの支持を獲得するのに成功し、立場を逆転できたときである。この場合は、政権交代の前でも後でも、優位政党が一つである場合を想定している。

第二のケースとして考えられるのは、複数の劣位政党が共同し野党勢力を結集し、有権者からの多くの支持を獲得するのに成功し、政権交代に成功した場合である。この場合に、優位政党は一つではなく、政党連合というかたちになる。

逆に、二党制において、事実上の政権交代がみられないため、一党優位政党制と呼べる状況となる場合も考えられる。この場合は、たとえば、優位政党が有する議席数と、優位政党であり続ける時間という二つ尺度をもとに、当該の政党システムを一党優位政党制として取り扱うことが適切であるか否かを判断することができる。

一党優位政党制が多党制になるとしたら、優位政党が複数の政党へと分裂したことで、政党システムが多党制となる場合が想定される。この場合は、サルトーリのタイポロジーでの用語を使えば、一党優位政党制から穏健な多党制へと変化することもあるだろうし、一党優位政党制から分極的多党制へと変化することもある。もちろん、その逆の可能性もある。多党制において、ある一つの政党が優位政党の地位獲得に成功する場合も考えられる。ある政党が優位政党となるには、政党間競合において勝利を手にする必要がある。そのためには、その政党自身がどのような戦略をとり、有権者の支持獲得に成功するかが鍵となる。

最後に、政党システム研究における二つの視点が一党優位政党制を考える際に、どのような示唆を与えてくれるかに言及して、本章のまとめとしたい。まず、政党システムのタイポロジーは、一党優位政党制の形成要因を考える際に有用となる。タイポロジーの議論は、それぞれの政党システムがどのような特徴をもつかとか、他の政党システムと異なるのは何かという点を説明する。そのため、一党優位政党制の定義からは、「優位政党」と「劣位政党」との間の競合、さらに「有権者」というアクターの存在が確認できる。さらに、「数」と「時間」という二つの条件を兼ね備えていなければ、一党優位政党制が形成されないことが明らかになる。

第二に、政党システム変化の視点は、一党優位政党制の形成要因だけではなく、崩壊要因を考える際にも示唆に富む。政党システム変化は、有権者の投票行動と、政党間競合という二つの点から捉えることができる。ともすれば、いずれか一方の尺度だけで政党システム変化を捉えようとする危険がある。しかし、それでは、変化の実態を的確に捉えることはできない。政党システム変化は、政党間競合の構造と、有権者の投票行動という二つの点から把握しなければならない。したがって、一党優位政党制の変化に関しても、同様の見方により、一党優位政党制の形成と崩壊の条件にはどのようなものがあるかを把握できるのである。

注

(1)「一党優位政党制」は、しばしば日本の政党システムを説明する際に使用されているが、一九九三年の非自民連立政権が誕生した後、日本の政党システムを「一党優位政党制」と表現するべきか、「穏健な多党制」と表現することが適切であるか、さまざまな見方がなされた。

6　連立政権と政党システム

1　連立政権論と政党研究

連立政治は、政党システムと密接にかかわっている。それにもかかわらず、これまでの我が国の政党研究において、正面から連立政権と政党システムとのかかわりについて論じられることは、意外と少なかったように思われる(1)。連立政治について論じる場合には、政党の存在を抜きに考えることはできないし、複数の政党によって連立がつくられるのであるから、連立政権と政党システムとのかかわりを無視することはできない。本章は、連立政権と政党システムとの関係を改めて見直すことを企図している。

ヨーロッパの政党研究において、連立政権論と政党研究は、ときに渾然一体のものとなっており、連立政権と政党システムとのかかわりが主要なテーマとして扱われている。ヨーロッパの議院内閣制においては、しばしば多党制のもとで連立政権が形成されており、このような国々の政党システムを論じる際には、連立政権についても言及することになる。連立政権と政党システムとが一緒に論じられてきているとしても、連立政権の研究は、政党研究におけるサブカテゴリーという位置づけにはならず、政党研究とは別に、連立政権論として一つの分野を形成している（Blondel 1968; Browne and Dreijmanis 1982; Bogdanor 1983; Beyme 1985; Budge and Keman 1990; Laver and Schofield 1990; Müller and Strøm 2000）。

政党研究の系譜においては、一方で、政党組織論のように、政党の歴史的な展開に注目するとともに、個々の政党の内部に焦点を向けた研究蓄積がみられる（Duverger 1951; Katz and Mair 1995）。政党組織論は、幹部政党と大衆政党との対置にはじまり、包括政党やカルテル政党などの多様な政党モデルを提示している。他方で、政党システム論にみられるように、政党同士の相互作用に注目し（Sartori 1976）、選挙や議会、政府、社会における政党間競合を分析することにより、政党システムの形成や変容について明らかにする視点も出されている。

連立政権においては、政権を獲得するために連立交渉を行うのはどの政党か、連立に参加しようとするのはどの政党か、連立の相手とするのはどの政党かなど、政党が主体となり、政党の戦略をふまえて政権が形成される。ある特定の政党のみが主役となり、連立交渉を行うとは限らず、同時並行的に、さまざまなパターンの政党の組み合わせが模索され、連立交渉の過程を経てから政権の組み合わせが確定する。これらの一連の過程は、連立政権論として一括りに扱われてきたが、ときには歴史的な経緯が一つの事例として分析され、ときにはゲーム論的なアプローチによって説明されてきた（Laver and Schofield 1990）。

そのため、連立政権論は、政党研究というよりも、そこから独立した一つの研究テーマとして存立し、これまで多くの研究が蓄積されている。その意味で、連立政治と政党システムとのかかわりは、従来の政党研究における主要な論点とかかわっているにもかかわらず、政党研究において、「連立政権」は所与のもの、あるいは周辺的なテーマとして位置づけられてきた。

本章では、政党研究の立場から連立政権を捉えると、どのような視角がもたらされるのかという点を考える。政党システムでみられる一つの現象として連立政治を位置づけると、既存の連立政権論では照らし出せない部分にも光が当たる可能性があるし、政党研究では連立政治を十分に説明できない点があるとすれば、それが何かを明らかにすることができる。現実の政党システムが連立政治と切り離せない状況にあることを鑑み、政党研究の一つの視角として、本章では、連立政治と政党システムとのかかわりをいかに捉えることができるのかについて考える。換言すれば、本章は、これまでの連立政権研究の限界と課題とを再考することでもある。

2　連立政権論における二つのアプローチ

従来、連立政権論には、ヨーロッパ政治の伝統を説明するためのアプローチと、ゲーム論的アプローチとの二つの見方がみられた（Laver and Schofield 1990）。たとえば、ヨーロッパ政治の伝統アプローチは、レイプハルト（Arend Lijphart）、サルトーリ、ダールダー（Hans Daalder）、ブロンデル、ロッカンなどの業績に代表される。それに対して、ゲーム論的アプローチは、ライカーやガムソン（William A. Gamson）などの業績をはじめとする。

ヨーロッパ政治の伝統アプローチは、それぞれの研究者の関心にもとづいてなされたヨーロッパ政治のクロスナショナルな分析において、連立政権について言及されてきたところに特徴がある。ボグダノアが表現したように（Bogdanor 1983）、ヨーロッパの政治においては、連立政治が「規範」ないし「標準」的な姿である。ヨーロッパ政治に注目すること自体が連立政治に注目することになり、直接間接に連立政治に言及することになり、結果的に、連立政権論の系譜に連なっていくことになる。

ヨーロッパ政治の伝統アプローチは、代表的な研究者として挙げられた名前をみても明らかなように、広範囲にわたるテーマを取り扱っている(2)。たとえば、レイプハルトは、多極共存型民主主義の特徴の一つとして連立政治を挙げているし、サルトーリは、政党システムの七類型のうちの穏健な多党制と連立政権との関係を論じている。ダールダーもオランダの政党システムに注目して連立政権に言及していたし、ブロンデルも政党システムの類型をはじめ、内閣の類型に注目した際に、連立政権について議論を行っていた。ロッカンが政党システムの形成やヨーロッパ諸国の政治発展の違いをもとに「ヨーロッパの概念地図」を作成し、ヨーロッパにおける中心と周辺との関係を論じた折に、ヨーロッパ各国における連立政治が視野に収められていた。

ヨーロッパ政治の伝統アプローチがあまりに広範囲にわたっており、多様な論点を包含しているため、統一的なアプローチの方法がみられないという問題もある。ヨーロッパ諸国のクロスナショナルな分析において、連立政権は一つの構成要素として取り扱われてきた。ヨーロッパ諸国の政治を論じることが直接間接にその国の連立政権を論じることにつながり、ヨーロッパ政治の伝統アプローチとされてしまう可能性があるのは否めない。この点こそがヨーロッパ政治の伝統アプローチの特徴であり、これまでに蓄積されてきた先行研究の多様性を強調する。

また、ヨーロッパ政治の伝統アプローチとされる研究蓄積は、角度を変えてみると、民主主義論であったり、政党システム論であったり、政治発展論であったり、政治学における多様なサブカテゴリーを形成していることがわかる。(3) そう考えると、ヨーロッパ政治の伝統アプローチは、広い意味での連立政権論として位置づけることができるとしても、取り扱っているテーマがあまりに広範囲にわたっているため、政党研究とのかかわりという点を考慮に入れると、論点がぼやけてしまうことになる。したがって、連立政権論と政党研究とのかかわりを考えるには、ヨーロッパ政治の伝統アプローチとされる先行研究の中からテーマを政党システムにかかわるものに限定し、それらを抽出しなければならない。

それに対して、ゲーム論的アプローチは、連立政権を形成するアクターとして政党を位置づけ、政党そのものに焦点を向けている（Gamson 1961; Riker 1962; Müller and Strøm 2000; Strøm, Müller and Bergman 2008）。たとえば、連立政権の規模という問題に関して、政党の組み合わせに焦点が向けられる。

議院内閣制における政権獲得に必要な議席数は、三つの点から考えることができる（Dodd 1976; 岡沢 1988; 1997）。第一に、「最小勝利内閣」は、議会の過半数により政権を獲得できるような政党の組み合わせによってつくられる。この場合は、政権獲得に必要な最低限度の議席数を確保することが重要であり、政党の組み合わせは、過半数議席という数を中心に考えられる。第二に挙げられるのは、議会の過半数を超えた「過大規模内閣」であり、政権獲得に必要な最低限度の議席や政党の組み合わせではなく、政権の安定や、政党間競合による対立の先鋭化を避けるための選択肢として大連立が組まれる場合を意味する。第三に、「少数派内閣」は、政権を獲得したとしても、議席数は議会の過半数に届いておらず、連立を組む政党の数も少ない場合にみられる。

ゲーム論的アプローチにおいては、どのような政党の組み合わせがあるか、どのように政党を組み合わせることによって連立の規模が変わるかというような問題を取り扱う。いいかえると、最小勝利内閣をつくるには、どのような政党の組み合わせによって議会の過半数を獲得できる数合わせができるかとか、過大規模内閣をつくるには、どのような組み合わせが可能かといった問題が扱われる。ヨーロッパ政治の伝統アプローチと異なり、ゲーム論的アプローチは、特定の国を対象とするのではなく、一般理論として、連立の組み合わせを考える。政党は単一のアクターとして扱われ、左右軸上のどこかに位置するものとして捉えられる。政治的対立軸は、左右軸のように、一次元的なものだけではなく、二次元ないし多次元的なものとされることもある（Pridham 1986）。対立軸の多次元化は、ゲーム論による連立政権の説明を複雑にするが、精緻化することにもなる。

その結果として、現実の連立政権を説明するためのモデルとしての妥当性が高まるかもしれない。しかし、モデルの精緻化を追求するばかりに、現実から乖離し、妥当性を欠くモデル構築となる可能性も同時に存在する。ゲーム論的アプローチにおいては、政党が単一のアクターとして理解されている。政党は、組織として一つにまとまったアクターとして捉えられており、党内に多様な議員が所属していることや、党内における派閥の存在などの党内事情に主眼が置かれるのではない。政党の組織内部がどのようなものであるかは問われることなく、一つの政党は一つのアクターとして、一枚岩的に行動するものとして取り扱われる。

現実政治においては、議員の離合集散が繰り返され、ある一つの政党が分裂したり、分派した勢力が他の政党に吸収されたり、異なる政党同士が合併したり、さまざまな変化が目撃できる。歴史的にみると、政党の分裂は何ら珍しいことではなく、日常的な出来事であるため、一枚岩的な単一のアクターとして政党を理解するには限界がある。そのような見方を採用している限り、モデルの精緻化がなされたとしても、現実への妥当性を欠く危険がある。

ゲーム論的アプローチは、ヨーロッパ政治の伝統アプローチのように、事実を丹念に追うことで一つの事例を説明しようとしたり、クロスナショナルな国際比較によって何らかの知見を導き出そうとしたりするのではなく、連立政権を理論的に理解し、説明しようとする。二つのアプローチは、帰納的なアプローチなのか、それとも演繹的なアプローチなのかという点が大きく異なっており、両者の違いがときには対峙するとしても、連立政権論の豊饒さをもたらしているという意味では、相互補完的な関係にある。

したがって、連立政権論における二つのアプローチは、いずれか一方の説明能力が優れているとはいえないのであり、取り扱う論点ごとに適切なアプローチが異なっているのである。二つのアプローチは、いずれも第二次世界大戦後の政治学において展開されてきたものであり、両者とも一九五〇年代から現在に至るまで数多くの研究成果を発表してきた。しばしば両者をつなぐ必要性が指摘され、二つのアプローチを架橋しようと試みられてきたが、今のところ、政治学者の間でそれが成功したという合意はみられない。

ここでの目的は、両者をつなごうとしたり、両者を総合しようとしたりすることではない。連立政権論と政党システムとのかかわりに注目することがここでの関心であり、政党研究において、既存の連立政権論から学べることは何か、また、どのような点が連立政権論には欠けており、政党研究の視点から連立政権を眺めると、どのような点が連立政権論の死角となっており、どのような見方が政党研究からは可能なのかという点を考えることに意味がある。したがって、次に、政党システムという点から連立政権をみると、どのような論点が浮かび上がってくるかを考える。

3　連立政治のアリーナ

政党システムにおいては、連立をめぐり、どのように政党間競合が繰り広げられているのであろうか。連立政権は、いくつかの政党が連立を組むことによって政権がつくられることを意味するが、連立そのものは、政権の形成や維持だけに限定されるのではない。実際に、連立は、選挙、議会、内閣という三つの側面においてみられる。

まず、選挙における連立は、政党同士の選挙協力というかたちで実現する。選挙協力は、政党間で候補者調整を行い、それぞれの政党の議席を確保できるような戦略を採用する。ある選挙区では一方の政党の候補者を擁立し、他の選挙区ではもう一方の政党の候補者を擁立することになる。それぞれの政党は、自党の候補者を擁立している選挙区だけでなく、協力関係にある政党の候補者がいる選挙区においても同様に選挙運動を行う。自党の候補者がいない選挙区では、自党の支持者に対して、連立のパートナーとなっている政党の候補者を支援するように依頼する。たとえば、二つの政党が協力して選挙運動を行うことにより、選挙における連立が成り立つ。

実際のところ、選挙協力が黙示的に、選挙後の議会や政権で連立を組むことを意識しているとしても、明示的に、事前に連立政権の形成をうたって選挙共闘を行うとは限らない。しばしば、選挙共闘がみられるとはいえ、選挙での連立には、選挙共闘だけでなく、広義に捉えると、候補者調整などの選挙協力も含まれる。

次に、議会における連立は、議会での法案提出や法案審議、法案の採決などでみられる。異なる政党同士が議会で会派を組むこともあるし、会派を組まないとしても、法案をめぐり協力関係を構築することがある。議会における連立は、議院内閣制における首班指名が象徴的である。議会での連立は、そのまま政権での連立につながることから、首班指名に際して、各党が誰を指名するかという問題は、連立を組んでいるか否かを識別する基準となる。政党間の関係は、議会で連立を組むことにより、同一の首班指名を行い、その後の連立政権を形成することになる。

第三に、内閣における連立が挙げられる。いいかえるなら、連立政権ということである。多くの場合に、連立政権という表現は、内閣における連立を意味している。本章では、連立がみられる側面として、選挙、議会、内閣の三つの側面を挙げ、内閣での連立を「いわゆる」連立政権として位置づけている。連立政権においては、いくつかの政党が連立を組んで政権を獲得し、政権を担当する。議会における連立が立法の領域でみられたのに対し、内閣における連立は、執政の領域でみられる。

閣外協力は、連立の一つの形態であるが、議会での連立としてよりも、内閣での連立として捉えられる。閣外協力という言葉は、いくつかの政党が連立を組んで政権を担当しているにもかかわらず、一部の政党は内閣に参加せずに、内閣の外側に位置して、政権を支える場合に用いられる。その意味で、閣外協力は、執政の側面における連立パートナーとしての役割よりも、立法の側面におけるパートナーという役割に重点が置かれる可能性もある。この場合は、執政面での役割が事実上あまりなく、議会運営のためにパートナーの存在が必要なときなどが該当する。同様のことは、二院制において、上下両院の勢力分布が異なる場合に、連立が組まれる場合にも該当する。この場合は、必ずしも閣外協力ではなく、議会においても内閣においても連立が組まれることがある。

したがって、連立のアリーナとしては、選挙、議会、内閣という三つの側面が挙げられる。これらはいずれも相互に関連しており、いずれか一つの側面で連立を組んだとしても、結果的に他の側面の連立に関連し、一連の政治過程に影響を及ぼすことになる。もちろん、それぞれの側面を切り離して、個々の側面における政党間の相互作用に注目することもできる。

この点は、政党システムが選挙、議会、内閣という三つのアリーナとかかわっていることにも関連する。政党間の相互作用は、それぞれの側面でみられ、政党システムが連立政治と密接にかかわっていることを明らかにする。実際には、連立政権論の多くが選挙や議会の側面ではなく、内閣の側面に注目しており、政権の形成や存続に関して議論されている。そのため、以下では、連立のアリーナとして、主に内閣ないし政権そのものを念頭に置くことにする。

4　連立政権論における二つの基準

　これまでの連立政権論をふりかえると、連立政権と政党システムとのかかわりは、数と政治的対立軸という二つの点から考えられる。第一に、数は、連立政権を構成する政党の数とともに、連立政権を構成する各党の議席数を意味する。第二に、政治的対立軸は、連立政権を構成する政党が左右軸上のどこに位置しているのかを示し、対立軸上の位置によって政権の性格を説明する。

　まず、数の問題は、単純化すれば、政党の数が多いか少ないか、議席が多いか少ないかということである。たとえば、連立政権を構成する政党の数が二つで、議席が議会の過半数の場合と、政党が五つで、議席数が議会の過半数である場合とでは、議席数ではなく、政党の組み合わせが論点になる。政党が二つの場合と五つの場合との違いは、あくまで数の違いであり、数が少ないから政権形成が容易であるとか政権が安定するとかというように、数の多寡によってどのような影響がみられるかが重要になる。二つの政党による連立だから組みやすいとか、二つだから安定するという根拠はないし、五つだから不安定になるというのでもない。

　したがって、連立政権における政党の数がどのような影響をもたらすかという点は、少ないから良いとか、多いから悪いというように、単純化することができない。いくつかの事例を比較することによって、一定の規則性が導出されるなら、それが一つの見方を提起できるかもしれない。そのため、個々の事例に目を向けない限り、連立政権における数の問題は、容易に結論が出せることではない。

連立政権において、数が問われるのは、最小勝利内閣、過大規模内閣、少数派内閣というように、政権形成の段階で、どれぐらいの数が集まり、どの程度の規模の内閣がつくられるかを分析する場合である。また、数が内閣の安定にどのようにかかわっているかという問題を考える場合にも政党数や議席数に注意が払われることがある。数に注目するのは、連立政権を考える際に、最初の取り掛かりとしては馴染みやすいかもしれないが、数だけにしばられてしまうと、連立政権の本質的な部分がみえなくなってしまう危険がある。

さらに、数に関しては、連立政権と、政党システムの有効政党数との関係から考えることができる。有効政党こそが連立政権を形成する可能性をもつのであり、政党間競合にも影響力をもっている。政党システムに有効政党がいくつ存在するかという点と、そこで形成される連立政権がどの程度の期間にわたって存続するかという点を併せて考えることができる。この点を検討した議論のデータそのものは既に古くなってしまっているが、論点を理解するのに内容的には差し支えないため、参考として言及する。

レイヴァー（Michael Laver）とショフィールド（Norman Schofield）は、ヨーロッパの一二か国における内閣の安定性と有効政党数との関係に注目した（Laver and Schofield 1990）。内閣の安定性は、政権の存続期間で判断されるが、期間が長ければ安定しているとされ、短ければ不安定とされる。

有効政党数は、多いか少ないかで示され、政権の存続期間と有効政党数との関係に注意が払われている。彼らによれば、有効政党数が多くなると、政権の存続期間が短くなり、内閣の安定性が損なわれるというのではなく、逆に、安定性は高まる傾向がみられる事例もあったという。たとえば、一九四五～七一年までの時期と、一九七一～八七年までの期間とを比べると、フィンランド、ルクセンブルク、アイスランドにおいては、一九七一～八七年までの期間とを比べると、有効政党数が増加し、政権存続期間も長くなっている。また、ドイツやアイルランドでは、有効政党数の減少と、政権の存続期間の短期化がみられた。彼らの議論をみる限り、連立政権の安定性と有効政党数の増減との間には、何らかの関係があるようにもみえるが、この点に関しては、これまでのところ政治学における普遍的な法則が見出されるまでには至っていない。

連立政権と政党システムのかかわりは、数という一つの視角から説明可能な点がいくつもあるとはいえ、それらがいずれも絶対的な基準というのではなく、ある部分を照射するに過ぎない。数に注目することはまた、ある意味で表層的な議論に陥りかねないことも指摘できる。それを避けるためにも、次に、政治的対立軸に注目する必要がある。

連立政権の形成や安定には、連立を組んでいる政党の政策上の距離やイデオロギー的距離が大きな影響を及ぼす（Taylor and Laver 1973）。連立政権論では、左右のイデオロギーにもとづく政治的対立軸に目を向け、連立に参加する政党の配置状況を考慮に入れてきた。政党システムは、政治的対立軸における政党の配置を反映している。政党は、左右のイデオロギーを示す一次元的な軸のどこかに位置し、他の政党と競合している。政権形成に際し、左右軸上の最小距離に位置する政党同士で連立を組む可能性がある。対立軸上で隣接する位置にある政党同士は、政策上の距離やイデオロギー的な距離という点を考慮すると、お互いが交渉しやすい立場にあり、妥協しやすいため、連立を組む可能性が高い。

連立政権の組み合わせには、数以外にも、政治的対立軸上の政党の位置や政党間の距離も影響を及ぼしている（Mair and Castles 1984; Beyme 1985; Budge and Keman 1990）。この点からさらに、これまでに誕生した連立政権のうちで、どのような政党の組み合わせが多いか、また、どのような組み合わせが長期にわたって安定して存続するかという論点も、政治的対立軸との関連から理解できる。

かつて、バッジ（Ian Budge）とケマン（Hans Keman）は、左右の政治的対立軸上に位置する政党に注目し、政権の安定性を検討した。彼らは、まず、対立軸の右側に位置する保守系の政党と、左側に位置する革新系の政党とに政党を大別した。さらに、彼らは、「右派政党の圧倒的優位」、「右派政党の優位」、「右派政党と左派政党との均衡」、「左派政党の優位」、「左派政党の圧倒的優位」という五つの区分を行い、それぞれのカテゴリーで示される状況が平均的にどれぐらいの期間であるかを調べた（Budge and Keman 1990）。

彼らによれば、全体的な傾向としては、「右派政党の圧倒的優位」もしくは「右派政党の優位」とされる期間が多くみられ、左派政党よりも右派政党による政権がつくられやすく、長期的に安定して存続することが明らかになった。確かに、世界的にみると、右派の政党が政権政党となる傾向があり、左派政権が相対的に少ないことは明らかである。彼らは、右派政党の圧倒的優位ないし優位というカテゴリーの次に多くみられるのが「右派政党と左派政党との均衡」であることを指摘している。この点もまた、左派政党が政権に就くことの少なさを物語っている。

相対的にみると、実際の連立政権には、左右軸上の右側に位置している政党が参加しており、安定して政権が存続していることがわかる。どのような政党が連立政権を構成しているかによって、そこで決定され、実施される政策も異なってくる。たとえば、右派政党が低負担低福祉の政策を主張するのに対し、左派政党は高負担高福祉の政策を主張する場合は、その違いがそのまま政権の採用する政策に反映される。政党同士の単なる数合わせによって政権がつくられるのではなく、隣接する位置にある政党同士が政策的に合意して連立を組むのであれば、数と政治的対立軸という二つの点から連立政権を理解することができる。

政権形成において、最小勝利内閣がつくられる場合には、単に数合わせだけで議会の過半数議席が寄せ集められることがあるとしても、政治的対立軸上で近接する政党同士が連立を組むことも考えられる。その場合には、数と政治的対立軸から連立政権を把握できるし、政党システムとのかかわりも明示的になる。さらにいえば、政治的対立軸は、左右軸だけで示されるのではないし、一次元的にみられるだけではない。それ以外にも、言語や宗教、民族などの違いによる社会的亀裂の存在も政治的対立軸として顕在化し、政党システムを規定する（Lipset and Rokkan 1967）。社会的亀裂と政党システムとのかかわりが重要であり、この点はそのまま連立政権の形成や安定にもかかわる（Lijphart 1982; 1984）。

たとえば、ある国の政党システムにおいて、社会経済的な亀裂と宗教的な亀裂とが顕在化している場合に、これら二つの次元の亀裂は、連立政権の形成に影響を及ぼす（Lijphart 1982）。社会経済的な亀裂は、右派政党と左派政党との違いをもたらすし、宗教的な亀裂は、宗教政党と世俗政党との違いを示す。どのような政党の組み合わせによって連立政権が形成されるかという問題を考えるには、亀裂の存在が大きく影響する。社会経済的亀裂にもとづいて、左右軸上に隣接する右派政党と中道政党とが連立を組む可能性もあるし、左派政党と中道政党とが連立を組む可能性もある。あるいは、宗教的亀裂にもとづいて、世俗政党だけで連立を組む可能性もある。

このようにみてくると、数と政治的対立軸に注目することは、連立政権と政党システムとのかかわりを考えるのに有用であることが明らかになる。左右のイデオロギーが一次元的な政治的対立軸を構成するとともに、他の社会的亀裂も政治的対立軸を構成するため、そこでは多党制が形づくられる。ヨーロッパ諸国では、多様な社会的亀裂がみられ、多党制が多くみられるために、連立政権論の一つのアプローチとして、ヨーロッパ政治の伝統アプローチによる研究蓄積がなされてきているように思われる。

この点は、政党研究の立場から連立政権を考える際にも参考になる。既存の連立政権論と同様に、政党研究の多くがヨーロッパ政治に注目し、ヨーロッパ諸国の比較研究から知見を導き出してきた。

ヨーロッパの政党政治は、連立政権を常態としており、同時に、政党組織の変容や政党システムの変容を経験してきている。その結果として、ヨーロッパの政治学者たちが一方で、政党研究を行いながらも、他方では、連立政権の研究を行っているのも、現実政治に対する関心から導き出された結果であると理解できる（Müller and Strøm 2000; Strøm, Müller and Bergman 2008）。

5 連立政権のフェーズ

連立政権は、これまでに三つのフェーズを中心に論じられてきた。第一に、連立政権の形成に関するものであり、第二に、連立政権の安定や存続にかかわる点であり、第三に、連立政権における決定作成過程にかかわるフェーズである。

まず、連立政権の形成については、連立政権論の中心的な論点であり、ゲーム論的アプローチによっても、ヨーロッパ政治の伝統アプローチによっても、これまでに膨大な研究が蓄積されてきた。ある国において、連立政権が誕生すると、まず手始めに連立政権の形成に注目が集まり、一連の形成過程を解明しようという試みがなされる。連立形成へのアプローチは、ゲーム論であろうと、経験的な研究であろうと、いずれも可能である。理想的には、両方のアプローチにより情報が収集されていくことであり、その次に両者の総合が必要となる。

連立政権の形成に関しては、既に大量の先行研究が存在するとはいえ、今もなお異なるアプローチによって研究が進んでいる分野である。実際に、連立政権が一つ誕生すれば、それがそのまま新しい一つの事例研究をもたらすのであるから、今後も連立形成への関心は受け継がれていくと思われる。

第二に、連立政権の安定性や存続性、あるいは永続性などについては、さまざまなデータによって測定されている。ヨーロッパ諸国のクロスナショナルな分析の多くは、各国の連立政権がどの程度の期間にわたって続いているかという問題を取り扱っている。このような試みは、連立政権を経験した事例が増えるほど、補強されていく傾向があるし、新たな仮説やモデルの提起につながる可能性をもつ。

経験的な研究が多くなると、どのような政党の組み合わせが安定的であるかとか、どのような政策を採用することが存続にかかわってくるかとか、連立政権の安定性には何が必要かという問いに対する回答が現実の経験から導き出されるようになる。もちろん、政治学において容易に法則性を見出すことはできないとしても、連立政権が不安定なものであるとか、存続しにくいものであるという認識は、政治学における共通認識ではなく、むしろ誤った認識であることが明らかになる。

第三に、連立政権における決定作成過程にかかわるフェーズについては、これまで政党組織論や政党システム論から関心が向けられてきたとはいえない。従来は、政策過程論や政治過程論のように、決定作成過程を取り扱う分野から注目を浴びていた点である。連立政権の形成、連立政権の安定や存続などは、時間の流れと関係している。連立政権が形成されるまでにどのような過程を経るかという論点は、時間の流れそのものを扱うのに対し、連立政権の安定や存続に関する論点は、時間の経過そのものを対象としている。

連立政権における決定作成過程もまた、時間の経過を取り扱うが、右の二つとは異なる意味合いがある。政権の日々の運営においては、さまざまな決定作成がなされる。ときには、政権が議会の審議を揺るがしたり、国論を二分したりするような決定を行う場合があるとはいえ、それ以外の多くの場合は、日常的な決定作成を行っている。ここで注目するのは、連立政権の日常の運営であり、いいかえるなら、連立政権のガバナンスという問題である。(4) この点は、連立政権を考えていくのに欠かせない視点であり、今後さらに関心が集まってくると思われる。

連立政権のガバナンスという表現は、新しい用語であるが、それが意味するのは、日常的な連立政権の運営にかかわる問題をいかに取り扱うかということである。最近では、政党のガバナンス、とりわけ、政党内部のガバナンスと、政党間のガバナンスに関心が向けられるようになっており、従来の「統治」という言葉のもつ意味とは異なるニュアンスで「ガバナンス」が問われるようになっている。政党のガバナンスと同様に、連立政権のガバナンスも論じられる必要がある。その点に関して、今のところは、洗練された議論がみられないし、連立政権のガバナンスがどのようなものであるかは曖昧であるが、注目に値する論点であると思われる。

連立政権の三つのフェーズのうち連立形成と連立の安定や存続に関しては、政党システムとのかかわりが比較的に強くみられるため、これまでの政党研究において多少なりとも関心が向けられ、さまざまな点から言及されてきた。これら二つの点は、既存の政党研究が連立政権論に対して貢献できる分野でもある。政党政治の動向に注目することが連立形成や、政権の安定、存続を理解することにつながり、政党研究が連立政権をいかに考えるかという点につながる。

6　今後の連立政権論に向けて

本章の最後に、政党研究の視点から日本の連立政権を考える際に、注目すべき論点を挙げるとともに、今後の研究の可能性を示唆する。まず挙げることができるのは、政党システムのタイプとの関連である。従来、日本の政党システムは、一党優位政党制とされてきた。日本の一党優位政党制がみられるようになったのは、一九五五年以降であるが、それ以降、一九九三年の自民党の分裂と非自民連立政権の誕生を経て、途中の二〇〇九年の総選挙で自民党が衆議院の過半数を割り、民主党を中心とする連立政権の誕生を除き、現在に至るまで自民党の一党優位は変わらず、政党システムのタイプが一党優位政党制から変化したとされることはなかった。

一九九三年の政権交代の折に、それまでの一党優位政党制が穏健な多党制へと変化する可能性があると考えられた。二〇〇九年の政権交代の前後には、一党優位政党制ではなく、二党制の可能性が論じられたり、穏健な多党制などの政党システムのタイプが今後の日本の政党システムとして形づくられていくのではないかと考えられたりした。二〇〇九年の総選挙では、自民党が公示前の勢力より一八一議席を失って一一九議席となり、長期にわたる一党優位の状況は崩れたのであった。それに対して、民主党は、三〇八議席を獲得し、自民党に代わり、圧倒的に優位な立場に就くことになった。

サルトーリによる一党優位政党制の基準は、「もし、(1)有権者が安定しているように見え、(2)明らかに、境界点（絶対多数議席）を超えており（そして・または）、(3)第一党と第二党の差が大きければ、三回連続して絶対多数議席を確保するだけで十分な証しになる」とされている（Sartori 1976=2000：333-4）。二〇〇九年の政権交代を経て、二〇一二年の総選挙では、自民党が二九四議席を獲得して政権に返り咲き、二〇一四年の総選挙で二九一議席、二〇一七年の総選挙でも二八四議席を獲得して、引き続き政権を担当している。民主党は、二〇一二年の総選挙では五七議席、二〇一四年には七三議席を獲得したに過ぎなかった。

サルトーリの基準に厳密にしたがうと、二〇一七年一〇月の時点で日本の政党システムは、再び一党優位政党制になったという説明が可能である。三回連続して絶対多数議席を確保するという点からすると、自民党は、二〇一七年の総選挙の結果を受け、二〇〇九年以降、三回連続して絶対多数議席を獲得することができたからである。長期にわたる一党優位政党制における連立政権の特徴を抽出するのに日本の政党システムは豊富な題材を有している。一党優位政党制は、これまでに何か国かでみられたとしても、日本のような事例は珍しいかもしれない[5]。自民党は、一九五五〜九三年までの間は新自由クラブとの連立を除くと、ほとんどの期間が一党優位の単独政権を経験し、一九九四年から現在に至るまでのほとんどの期間は一党優位の連立政権を経験してきた。

日本の政党システムが一党優位政党制の一つの事例として扱われ、他の一党優位政党制との比較の対象とされるのは、これまでの経験からも明らかである。それに加えて、日本における連立政権の経験は、一党優位政党制における連立政権の形成、安定や存続、連立政権のガバナンスを考えるための材料を提供する。一党優位政党制において、どのように連立政権が形成されるか、どのような理由によって政権が安定し存続するかといった点を解明することは、政党システムとのかかわりを考えることによってこそ導き出される視点である。

さらに、国会との関連からいえることであるが、日本の連立政権が衆参における与野党の勢力分布の違いによる影響を受けて形成されたり、存続したりしていることが指摘できる。いわゆる「ねじれ国会」にみられるように、衆議院では、自民党単独で政権を獲得できるほどの議席数を有していても、参議院では、単独で過半数議席を獲得できない場合には、議会運営だけでなく、政権運営についても安定を図るために他党と連立を組むことになる。[6] とりわけ、自民党と公明党との連立政権は、一九九九年以来（民主党政権の時期を除き）、現在まで続いており、選挙、議会、内閣の三つの側面で連立が組まれている。

日本の連立政権は、政権獲得に必要な過半数議席の確保という数合わせではなく、国会対策のための数合わせという性格をもっている。そのため、連立政権における議席数をみると、多くの場合に最小勝利内閣ではなく、過大規模内閣がつくられる傾向がある。この点は、世界の連立政権のパターンとは異なる点である。多くの国において、最小勝利内閣が最も頻繁につくられている。過大規模内閣は、特定の国で形成されており、社会構造が非同質的であり、さまざまな社会的亀裂を抱えているため、大連立を組まざるを得ないような事例においてみられるタイプの内閣である（Lijphart 1982）。

日本の場合は、社会構造の問題ではなく、選挙対策という意味での連立であるとともに、国会対策という意味もある。とりわけ、自民党と公明党との連立政権が選挙、議会、内閣というかたちの連立となっており、この点を照射することにより、連立政権における政党間関係の重層性を明らかにすることができる。たとえば、そこには、政党組織の問題も含まれるし、一党優位政党制であるにもかかわらず、連立を組むため、過大規模内閣が形成されるという実態から政党システムの問題も含まれる。したがって、政党研究の立場から連立政権について考えることは、従来のように、独立した連立政権論という視点から連立政権を眺めるのとは異なる視角を提供し得るし、連立政治を体系的に捉えるのに役立つといえよう。

注

（1）例外的に、以下の業績を挙げることができる。篠原（1984）；岡澤（1988；1997）。

（2）この点は、ヨーロッパの比較政治学の歴史と重なる部分があるように思われる。たとえば、以下を参照されたい。岩崎（1999；2015a）。

（3）この点がヨーロッパ政治の伝統アプローチの強みであるとともに、弱みでもある。

（4）最近の連立政権論では、連立政権の「ガバナンス」という表現が用いられるようになっており、連立政権の運営にかかわる内容を取り扱うようになっている。たとえば、以下を参照されたい。Müller and Strøm (2000); Strøm, Müller and Bergman (2008)。

（5）容易に想起できる比較対象は、スウェーデンの政党システムである。

（6）日本の連立政権の形成が国会だけでなく、選挙制度による影響も受けているという指摘がある。詳しくは、成田（2001）を参照。

7　政党衰退論以降の政党研究

1　ポスト政党衰退論

政党は、二〇世紀の半ばの時点において、「現代政治の生命線」と評され（Neumann 1956）、興隆期を迎えたが、二〇世紀後半に差し掛かると、政党衰退論の登場により、衰退ないし終焉というように、ネガティブに表現されるようになった。政党に対する否定的な見方が示されたからといって、すぐに政党政治が終焉を迎えたわけではない。二一世紀の現在においても、政党は存在しており、現代政治の中心に位置している（Schattschneider 1942=1962）ことに変わりはない。

一九七〇年代以降の政党衰退論で展開された内容は、大別すると、次のような三つの論点にまとめられる。第一に、有権者と政党との関係、第二に、政党組織、第三に、政党の機能に関する変容を取り扱った点を挙げることができる。

まず、有権者と政党との関係が変化し、政党の衰退現象がみられるようになったという議論は、たとえば、選挙ヴォラティリティの増減、脱編成、投票率の低下などを根拠としている（Dalton and Wattenberg 2000）。選挙ヴォラティリティの増減は、選挙ごとに有権者が支持政党を変えることを示し、脱編成は、有権者と政党とのこれまでの結びつきが浸食され、両者の関係が崩れたことを示している。投票率の低下は、有権者が選挙を重視しておらず、政党が有権者の代表ではなくなり、有権者が政党を通じてインプットを行うという図式の妥当性に疑問を投げ掛けるようになった。

第二に、政党組織の変容と、政党の衰退とのかかわりに関する論点が挙げられる。政党の衰退は、政党メンバーシップの変化が原因であるとする見方である（Scarrow 1996）。党員数の減少は、政党組織を脆弱化し、政党は一つの政治組織として、従来のように活動することができなくなった。たとえば、党員数の減少は、党員から徴収する党費収入の減少につながるし、恒常的な支持者の減少を意味する。この点は、選挙での支持基盤の浸食につながり、選挙での勝敗にも影響する。その結果として、政党組織は衰退し、組織運営を従来のように行うことができなくなる。また、既存の政党が組織的に機能しなくなり、単一争点を主張する政党や、新しい争点を前面に打ち出すような、新しい政党が既存政党に取って代わろうとして登場する。新しい政党は、既存の政党とは異なる組織形態をとり、ゆるやかなネットワーク型の組織を採用する。

第三の論点は、政党機能の変容である。政党は、政治システムにおいて多様な機能を果たすものと考えられていた（Lawson and Merkl 1988）。たとえば、政治的社会化は、政党が果たす機能の一つとされた。しかし、今日では、政党が独占的に政治的社会化を行っていると考えるのは適切ではない。マスメディアの発達以降は、政党よりもマスメディアが政治的社会化の機能を果たしているとされる。他にも、有権者を投票へ動員したり、有権者と政党との関係を構造化したりするのは、政党機能の一つであると考えられてきたが、有権者と政党との関係が変化したことで、政党が独占的に果たす機能とはいえなくなった。政党は、今もなお選挙の際に候補者を擁立し、自党の獲得議席数の増加を企てており、選挙で果たす機能は存続している。換言すれば、政党による選挙での機能を除く他の機能は、もはや政党だけが果たしているのではなく、他の政治的アクターが果たすようになっている。

そう考えると、政党が今も果たしているのは選挙での機能であり、政党が従来から果たしてきた機能のうちで最も基本的かつ中心的な機能を今でも担い続けているといえる。政党は、選挙を通じて権力を追求する政治集団として考えられてきた。この点は、政党について、これまでに提示されてきた数多くの定義をみれば一目瞭然である(1)。現在のところ、頻繁に引用されるのは、サルトーリによる定義である。政党の定義からすると、表面上、今でも政党は衰退していないようにみえるかもしれない。

果たして政党政治の現在をどのように捉えることができるのであろうか。政党は今も健在なのか、それとも単に生き長らえているだけなのであろうか。

本章は、とりわけ、政党衰退論が提起された後の政党研究において、一定の評価を受けるとともに、その後の研究に大きな影響を与えたものとして、カルテル政党論と大統領制化論の二つの議論に注目し、ポスト政党衰退論における主たる論点整理を行うことを目的としている。それにより、ポスト政党衰退論においては、政党の衰退ないし終焉に与する見方よりも、政党が今なお議会制民主主義における中心的なアクターの一つとして存続していることが明らかになる。同時に、二一世紀においてもなお政党の存続を目撃できることは、政党の生命力の強さや、政党の粘り強さを証明することにもなる。

2　カルテル政党論の登場

一九五一年に、デュベルジェが政党組織の歴史的な発展形態をふまえて、政党組織の類型化を行った後（Duverger 1951）、議会制民主主義における政党のタイプは、幹部政党と大衆政党との二種類に大別されるようになった。幹部政党は、登場の背景から明らかなように、社会の中から発生したのであり、社会の側に位置していた。幹部政党の登場段階から大衆政党の登場段階へと時代が移っていくときには、社会と国家との間に重複部分がみられた（図7-1を参照）。政党は、社会側に位置しながらも、重複部分と接しており、社会と国家との両側に接点をもつ存在であった。政党の起源は私的な結社であり、政党の性質が私的なものであると理解されるのは、そのためである。

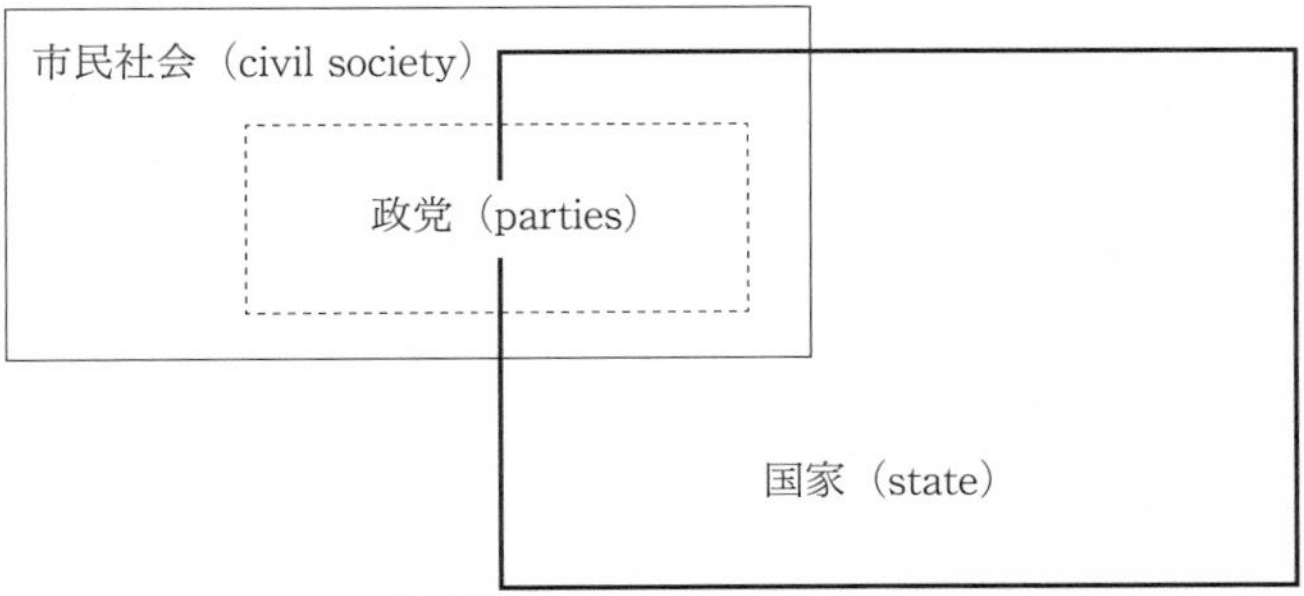

図 7–1　幹部政党ないしコーカス政党

出所：Katz and Mair 1995: 10.

大衆政党の台頭期には、社会と国家とは接点をもたず、政党が両側を橋渡しするものとして位置づけられた。一方に社会が存在し、もう一方に国家が存在し、両者を結びつける役割を政党が果たした（図7-2）。まさに当時の政党は「現代政治の生命線」とされ、主要な連結構造であるとされていた。

従来、政党は左右のイデオロギー軸上に位置して競合していたが、伝統的な立場に留まり続けるのではなく、得票最大化のために大衆政党は包括政党へと変貌を遂げていた。包括政党にも独自のメンバーが所属していたとはいえ、もはや厳格にメンバーシップが定められているのではなく、政党の提示する政策を支持する有権者が政党のメンバーであるというように、選挙ごとにメンバーは異なり、政党と有権者との関係は緩やかな結びつきによって維持されるようになった。有権者の党派心は衰退し、一貫して特定の政党を支持するのではなく、ある政党の特定の政策に同意するときのみ支持するようになった。政党もまた、自らを包括化することにより、より広範な利益を政策に反映し、選挙で戦うようになった。そのため、政党の選挙戦略

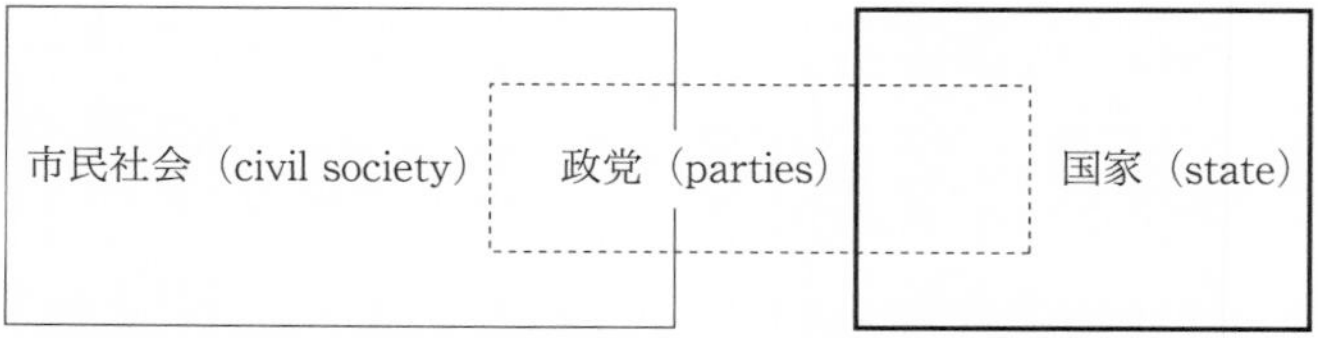

図 7-2　国家と市民社会とを結びつける役割を果たす大衆政党
出所：Katz and Mair 1995: 11.

は政党活動において重要になった。

包括政党の台頭期には、マスコミュニケーションの手段に大きな変化が生じた。特に、ラジオやテレビの発達は、政治的な情報を提供するソースとして広く用いられるようになり、政党の選挙活動を大きく変えた。政党は、従来型の草の根的な選挙運動に頼るだけではなく、マスメディアを通じて直接的に有権者に支持を求めるようになった。政党が相手にしたのは、不特定多数の有権者であり、それまでのように、特定の立場を代表している限り、さらに多くの支持を獲得することはできず、政党そのものが生き残れなくなった。

その結果として、政党は、それまで果たしていた役割を変え、仲介役（ブローカー）の役割を果たすようになった（Katz and Mair 1995）。政党は、国家に働きかけたり、国家に浸透したりする社会側の機関ではなく、社会と国家との間に位置する仲介役になった。一方で、政党は、社会側から国家側への要求を集約したり代表したりするが、他方では、国家の一機関として、政策を形成し実施する一翼を担うようになった（図7-3）。

政党が国家の側へと自らの位置を移していく過程において、政党は大きな危機に直面した。それは、政党に対する有権者の党派心の低下と、政党

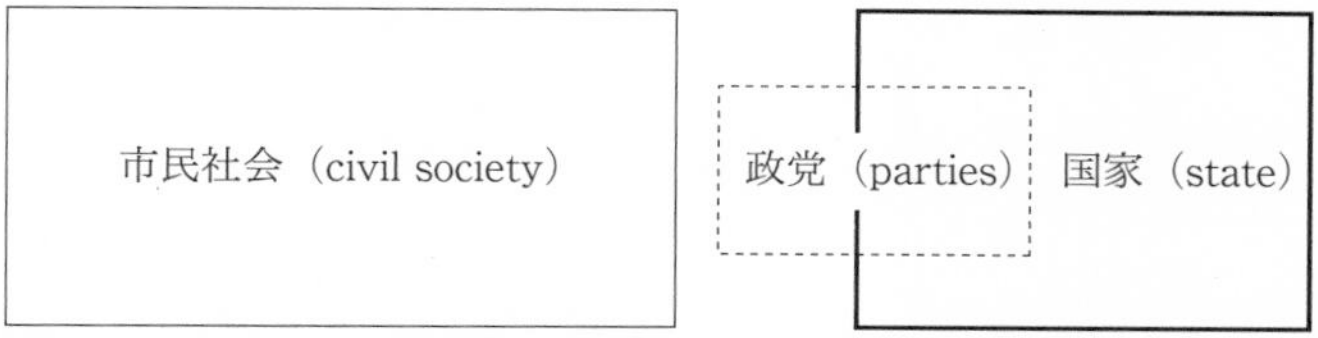

図 7-3　国家と市民社会との仲介役としての役割を果たす政党
出所：Katz and Mair 1995: 13.

の機能の低下という二つの点で明らかになった。その結果、政党衰退論が脚光を浴びるようになった。一九八〇年代以降、しばしば、政党が政治的アクターとしては無能であるかのような議論がみられた。

カッツとメアは、現実的に考えると、政党の衰退や終焉という可能性を指摘するのは誤りであり、政党はリソースの点でも、スタッフの点でも、政党財政の収支の点でも、以前にもまして充実してきたと指摘している（Katz and Mair 1995: 4-7）。政党を取り巻く状況は、衰退や終焉ではなく、政党の変化（change）と適応（adaptation）として理解できるというのである。一九九五年に新しく創刊された政党研究の専門誌『政党政治』（*Party Politics*）において、カッツとメアは、新しい政党組織のモデルとして、カルテル政党（cartel party）モデルを提起した[2]。カルテル政党モデルでは、包括政党の登場後にみられたように、社会と国家との間において、政党の位置がこれまでよりも国家側に移行し、政党は国家の一部になったと考えられている（Katz and Mair 1995: 8）。

カルテル政党は、国家への政党の浸透によって特徴づけられるとともに、政党間の共謀によっても特徴づけられる（Katz and Mair 1995: 17）。表面上、政党同士は競争相手であるが、共謀と協力を行うことにより、新しいタイプの政党モデルが発達することになった。このような変化は、全体としての政党システムにも関係するし、カルテルを形成している政党の個々の組織形態にも大きな影響を及ぼす。

カルテル政党の出現を促進する条件がみられるのは、国家が政党に対する助成を行ったり、政党を支持したりするような場合であり、このような国では、国家と政党との関係が恩顧関係となり、政党への利益供与の機会が設けられ、政党に対する統制の程度も高まってくる。政党間の協力と協調の伝統をもつ政治文化が存在する場合には、容易にカルテル政党が出現する。たとえば、オーストリア、デンマーク、ドイツ、フィンランド、ノルウェー、スウェーデンなどでは、政党間協力の伝統があり、国家による政党助成という現在の状況とが結びついている（Katz and Mair 1995: 17)。それに対して、イギリスのような国では、対決の政治という伝統が政党に対する国家の支持を制限し、恩顧関係の助長を阻んでいる。

カッツとメアは、カルテル政党の特徴をいくつかの点から説明している。幹部政党、大衆政党、包括政党、カルテル政党などを分ける大きな基準は、議会制民主主義の発展における時期区分とともに、国家と社会との関係において、政党がどのように位置づけられるかという点にかかわる（Katz and Mair 1995: 17–18)。社会と国家との間における政党の位置づけは、次のように変遷してきた。幹部政党は、社会側と国家側との境界が不明確な時期に登場したが、政党は両側の重複部分に存在した。大衆政党が登場した時期は、社会側に政党が存在し、市民社会のさまざまなブロックを代表した。包括政党が登場した時期は、政党が国家側と社会側との中間に位置し、両者の仲介者としての役割を果たした。カルテル政党は、国家の一部となり、国家の機関として位置づけられるようになった。代表の様式という点からも変遷がみられ、幹部政党は受託者（Trustee）と、大衆政党は代理人（Delegate）と、包括政党は企業家（Entrepreneur）と表現され、カルテル政党は国家機関（Agent of State）と表現された。

カッツとメアは、政党が国家の一部となり、国家機関であると主張する理由の一つとして、政党に対する公的助成の存在を挙げている（Katz and Mair 1995: 8–9）。カルテル政党に至るまでのさまざまな政党組織は、いずれも社会側との接点をもっており、リソースの調達を社会側から行ってきた。しかし、カルテル政党は、国家側に位置しており、国家からリソースを調達しているところに大きな違いがある。幹部政党は、名望家個人による政党ともいえる性格をもち、限られたメンバーの私財や縁故関係からリソースを調達した。大衆政党は、党員から徴収する党費や、政党活動に対する党員の協力に依存していた。包括政党も大衆政党に続いて支持を拡大し、社会の広い範囲からリソースを獲得した。それに対して、カルテル政党は、社会側ではなく国家側に位置し、国家からの公的助成に頼っている。カルテル政党モデルでは、この点に注目し、政党がもはや私的な存在ではなく、公的な存在であると考えられている。

さらに、カッツとメアは、政党が使用するコミュニケーション手段という点からも、政党が国家機関であると説明している。今日の政党活動は、日常の政治活動にしても選挙運動にしても非常に多くの有権者に対して膨大な情報を提供するようになっており、情報発信に重点が置かれている。

幹部政党が個人同士の人的ネットワークによるコミュニケーションで済んでいたのに対し、大衆政党は、政党メンバーから党費を集めて政党の機関紙誌やビラなどの印刷物を配布し、集会を通じてコミュニケーションをとってきた。包括政党が台頭した時期には、テレビやラジオなどのメディアが発達し、政党独自のコミュニケーション手段を利用しなくても、放送を通じて不特定多数の人々に対して訴えかけが可能となった。

しかし、メディアを使った活動には、政党の財政力が影響し、政党間の財政力の格差が大きな壁となる。コミュニケーション手段を利用する機会は、すべての政党に対して用意されているが、利用にともなうコストの負担は、財政力のある政党にとっては容易であるとしても、あらゆる政党にとって容易だというわけではない。放送のようなメディアは、国家の規制やルールによる拘束を受けた手段であり、公的な性格を帯びたコミュニケーションの手段である以上、社会側に位置し、私的な結社である政党が完全に自由に利用できるとは限らない。カルテル政党は、国家の一機関という立場になったことで、国家の規制を受けつつも、容易にメディアを利用できる地位に就いたのである。

少なくとも、カルテル政党モデルは、政党組織論をめぐる現在の状況を論じつつ、二〇世紀後半からの政党衰退論とは一線を画す議論を提供することになった。もちろん、カルテル政党モデルに対する批判は、カッツとメアの議論が発表された直後から現在まで数多く出されている。たとえば、カルテル政党という概念に対して曖昧であるとか、理論的な精緻化がなされていないとか、他の概念との違いが不明確であるとか、批判の中には、さまざまな論点がみられる。それ以外にも、現実の事例に適用して、カルテル政党モデルの妥当性を検証しようとしたり、いくつかの国の経済政策との関連でカルテル政党モデルを検証しようと試みたりする研究もなされている。

今もなおカルテル政党モデルは、論争中のテーマであるが、興味深いことに、政党組織論において、カルテル政党論という一つの分野を形成してきているのも事実である。かつて、デュベルジェによる幹部政党と大衆政党という二つの類型がその後の政党組織論に影響を及ぼしたときのように、現在は、カッツとメアによるカルテル政党論がポスト政党衰退論の政党研究における一つの中心的なテーマとなっている。

3　大統領制化論と政党政治のガバナンス

政党衰退論を受け、新たな視角から政党政治を捉えようと試みた別の議論として、「政治の大統領制化（presidentialization）」論を挙げることができる。[3] ポグントケ（Thomas Poguntke）とウェブは、民主的な政治システムにおける政治的リーダーへの権力集中という点について、先進工業民主主義諸国における政治の大統領制化という点から検討を行っている（Poguntke and Webb 2005）。彼らによれば、大統領制化とは、「ほとんどの場合に形式的構造である体制タイプを変えることなく、体制の実際的運用がより大統領制的なものになってゆく過程である」（Poguntke and Webb 2005:

1=2014: 2)。

彼らの議論を理解する際には、ポグントケとウェブが政党研究の専門家であり、彼らがこれまでに展開してきた多くの議論において、政党衰退論をいかに考えるかという問題意識が内包されていたことに注意する必要がある（Webb 2002）。彼らは、大統領制化が執政府、政党、選挙という三つの側面でみられると指摘し、各側面における大統領制化の特徴に注目した。大統領制化と表現される現象が執政府でみられるとしても、そこだけに限定して捉えるのは不十分であり、政党や選挙の側面でも大統領制化と表現できるような現象が目撃される。これら三つの側面を総合的に把握することによって、現代民主主義における大統領制化という現象を正確に理解できる。

現代の民主主義において、政党は、インプット側からアウトプット側までのあらゆる側面にかかわりをもち、統治における中心的なアクターとしての役割を一手に引き受けてきた。しかし、政党の果たしてきた役割の多くが他のアクターの役割となり、政党が単独で果たす役割は、選挙での機能だけとなった。その点だけに注目すると、今でも政党は従来の定義に合致しており、選挙を活動の場としており、権力追求を行っている集団であることに変わりはない。

そう考えると、政党は今も昔と変わらず、政治における中心的なアクターであり、政党によるガバナンスが効いているという論理につながる。そうだとしたら、政党が衰退しているという議論の信憑性が疑われることになるし、政党衰退論が論拠としている各種の論点をいかに捉えるかということになる。政党衰退論が政党政治のガバナンスが効かなくなったことを指摘しているとしたら、現在のガバナンスをどのように理解できるか、これまでの政党ガバナンスと現在のガバナンスとは異なるか否か、異なるとしたらどのように異なるかについて明らかにする必要がある。現在のガバナンスを説明する際に、大統領制化論が一つの手掛かりを与えるというのが本章の立場である。

さまざまな機能を政党が果たしていないから政党によるガバナンスが効かなくなったというのではない。政党は今でも選挙で重要なアクターであり、権力追求のための機能を果たしている。しかし、選挙そのものが従来とは異なる性格をもつようになっている。低投票率であったり、選挙ヴォラティリティや脱編成などにみられるように、有権者と政党との関係が流動化し、両者の関係性が崩れてしまったり、特定の支持政党をもたない無党派層が増加したりしたことで、選挙そのものの特徴が変化し、選挙において政党が有していた存在感や重みがなくなり、政党政治のガバナンスが問われるようになっている。

ここまでの議論においては、「ガバナンス」という概念を特に定義づけることなく、話を進めてきたが、これから先の行論のためにも、ここで簡単に概念を規定しておく必要がある。ガバナンスの概念は、政治学の他の概念と同様に、さまざまな定義がなされている。ガバナンスという言葉の語源につながる「統治（govern）」という言葉には、舵取り（steering）という意味が含まれていることから、ガバナンスとは、国家が舵取りを行うという意味であるという議論もみられる。さらに、説明責任（accountability）、応答性（responsibility）、透明性（transparency）などとの関連性が考慮され、ガバナンスが定義づけられる場合もある。

ガバナンスとは何かをめぐっては、それだけで一つの（あるいは一冊の）論考がまとめられるが、ここでは誤解を恐れずに、あえて話を単純化する。本章では、さしあたり、ガバナンスを「よく治まっている」状態として捉えることにする。(4) したがって、ここでは、政党政治が「よく治まっている」か否かが、政党政治のガバナンスが効いているか否かの基準となる。もちろん、「よく治まっている」ことの基準が何かは漠然としており、誤解を招きかねないのは明らかである。それだからこそ、誤解を恐れずに話を単純化して進めていく。

政党政治のガバナンスは、政党内部と、政党間競合との二つの次元から考えることができる。政党内部のガバナンスは、有権者と政党との関係や、政党組織に関して、「よく治まっている」状態を意味する。たとえば、有権者と政党との関係が安定しており、有権者の政党支持に変化がみられず、一貫して同じ政党を支持している場合には、安定した関係といえるが、選挙ヴォラティリティの増減や無党派層の増大などがみられる場合には、不安定な関係ということになる。政党組織に関しては、党員数の減少傾向がみられるようであれば、有権者と政党との関係が不安定化しているとされ、「よく治まっている」とはいえない状態となる。

さらに、政党間のガバナンスは、政党間競合の観察可能な状態を意味する。政党間競合がみられるとしても、ヘゲモニー政党制のように、表面的な競合しかみられない場合や、政権交代の可能性が皆無の場合には、「よく治まっている」とはいえない。カルテル政党論にみられるように、複数の政党がカルテル化し、政党が事実上の国家の一機関となる場合は、政党システムの競合性が有名無実のものとなり、政党間ガバナンスが効かなくなる。それに対して、一党優位政党制にせよ二党制にせよ、政党システムがどのようなものであっても、実質的な政党間競合が選挙、議会、執政府といったアリーナでみられるならば、政党間ガバナンスは効いていると考えられる。

政党政治のガバナンスは、政党内ガバナンスと、政党間ガバナンスとの二つの点から捉えることができる。一つの政党の内部に焦点を向けることが政党内ガバナンスに注目することであり、複数の政党間の相互作用に焦点を向けることが政党間ガバナンスに注目することである。政党研究のこれまでの蓄積をみると、政党内ガバナンスについては、政党組織論の系譜で取り扱われてきたし、政党間ガバナンスについては、政党システム論の系譜において取り扱われてきた。

あらゆる先行研究において、ガバナンスという概念が用いられているのではないとしても、政党によるガバナンスは政党政治を反映しており、政党政治そのものを意味していると捉えられる。そのため、既存の政党研究において、政党内ガバナンスと政党間ガバナンスとがこれまでどのように注目を集め、どのように分析され、どのように評価されてきたのかを理解することができる(5)。

4　大統領制化とガバナンス

大統領制化が政党政治のガバナンスとどのように関連性をもつかを把握するために、大統領制化論の特徴を説明しながら、両者の関連性を検討する。ポグントケとウェブによれば、現実政治における大統領制化は、(a)党内および政治的執政府内におけるリーダーシップの権力資源と自律性の増大、(b)リーダーシップを重視するようになった選挙過程という二つの点が発展したものである。(6)大統領制化は、執政府、政党、選挙という三つの側面でみられるが、これらは民主的なガバナンスの中心的な領域にある。大統領制化の過程は、憲法改正などのように、憲法構造が直接的に変わるのではなく、それ以外の偶発的および構造的な要因によってもたらされると考えられている。

大統領制、議院内閣制、半大統領制のいずれも原則的に、政党主導型の体制と大統領制的な体制との間を往来するものであり、一つの連続線上のどの極に近づくかは、さまざまな基底構造的要因（社会構造やメディアシステムの変化など）と、偶発的要因（リーダーの人格など）によって決まる。図7-4は、一つの連続線上に体制の三つのタイプを位置づけており、大統領制化されているのか、それとも政党主導型であるのかという点から両極が区別されている。政党のガバナンスという意味では、大統領制的な極よりも政党主導型の極に近づくほど、政党によるガバナンスが効いている。大統領制化は、政党主導型の対極に位置しており、従来みられたように、政党によるガバナンスが効いているというよりも、これまでとは異なるガバナンスがみられる状態である。

図7-4の水平次元は、公式の法律-憲法的な基準にしたがっており、三つのタイプを分けている。これらの境界線は明確であり、半大統領制が議院内閣制と大統領制との間にあるからといって、単純に両者の中間型として半大統領制を理解することは適切ではない。図7-4の垂直的次元は水平的次元と異なり、明確な区分けがあるのではなく、一続きの連続体として位置づけられる。垂直的

次元は、両端に向かう矢印によって示され、上端が「大統領制的な統治」で、下端が「政党主導型の統治」を意味している。

「政党主導型の統治」とは政党ガバナンスを示しており、これまでにみられたような政党によるガバナンスとして理解できる。それに対して、「大統領制的な統治」とは大統領制化を意味しており、政党衰退論が提起された後の政党政治においてみられるガバナンスを示している。大統領制化においては、従来型の政党によるガバナンスではなく、大統領や首相といった政治的エリートのリーダーシップによるガバナンスがみられる。

　政党主導型から大統領制化への変化は、政党によるガバナンスが効かなくなり、大統領制化のガバナンスになったことを示している。いいかえると、政党によるガバナンスから政治的リーダーによるガバナンスへの変化が生じたのである。ここで注意しなければならないのは、ポグントケとウェ

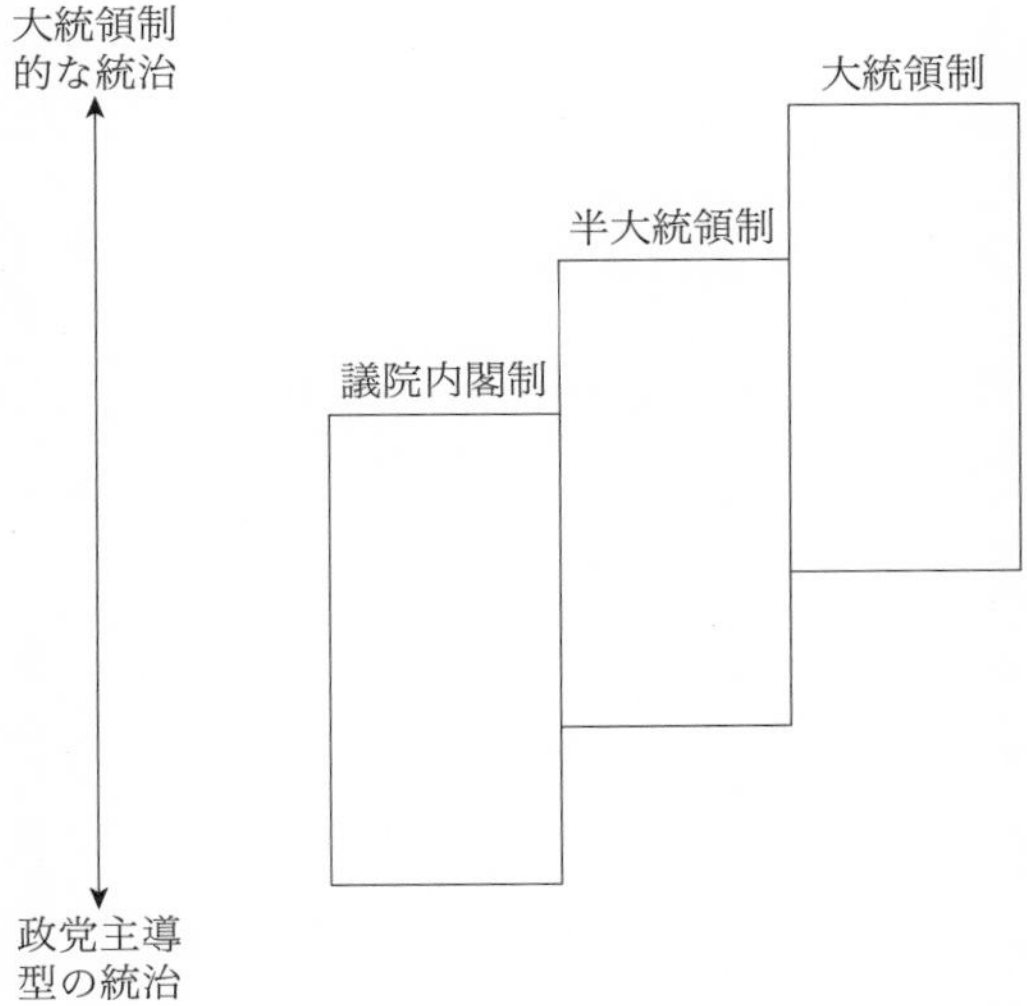

図 7–4　大統領制化と体制のタイプ

出所：Poguntke and Webb 2005: 6.

ブが政党衰退論をふまえて大統領制化論を展開した点である。かつての政党主導型のガバナンスが効かなくなり、組織面でも政党間競合の面でも政党は機能不全の状態に陥り、政党は統治における唯一の中心的なアクターという立場を手放し、いくつかある中心的なアクターのうちの一つのアクターという立場となった。その代わりに、統治においては、政治的リーダーが中心的なアクターとなり、リーダーによるガバナンスが実現した。

ただし、ここで注意すべきは、大統領制化においては、執政たる首相が政治的リーダーによるガバナンスの担い手であり、基本的に、彼もしくは彼女は政党のリーダーであるという点である。彼もしくは彼女は、政党リーダーであるから首相となったのであり、選挙で政党が勝利し政権を獲得したからこそ、首相の座を射止めることができたのである。大統領制化の三つの側面は、いずれも相互に関連しており、相補関係にある。とりわけ、政党は執政府とも選挙とも密接に結びついており、大統領制化の三つの側面を連結しているのは、政党の存在であると理解できる。大統領制化のガバナンスは、政党リーダーによるガバナンスである。その意味では、政党政治のガバナンスは、政党によるガバナンスではなく、政党リーダーによるガバナンスへと移行したのであり、政党政治のガバナンスそのものは今でもみられ、ガバナンスの中身が変化したのだと説明することができる。

大統領制化において、政党リーダーが自党とのかかわりにおいて自律性をもつようになったという点は、政党内ガバナンスの変化を意味する。従来は、政治的リーダーが政党から自律性をもち、自分の意思を前面に出して行動することはできなかったし、それ自体が困難なことであった。今やリーダーの自律性は、ガバナンスが効くための要因となっている。

選挙が政党リーダーを中心に戦われ、メディアでの政党の取り扱いもリーダーに焦点が絞られるようになったことは、リーダーによるガバナンスとはいえ、政党によるガバナンスとしても説明できる。選挙においてリーダーは、さまざまなかたちでシンボル化される。政党リーダーは、次の首相候補として扱われるため、有権者にとって選挙は、誰が次の首相にふさわしいかというように、首相選びのためのイベントとなる。選挙で政党間競合が展開されることに変わりはないが、選挙の性格が変わってくるし、政党の選挙戦略が変わってくることで、政党間ガバナンスも変化する。したがって、大統領制化は、政党によるガバナンスから政党リーダーによるガバナンスへ変わったとしても、広い意味での政党政治のガバナンスに終止符を打ったり、全く違うものへと変化したりしたのではない。

ここでは、大統領制化論の意義とは何かについて考えるために、大統領制化と政党政治のガバナンスに焦点を向けてきた。大統領制化論は、政党衰退論とかかわっており、政党によるガバナンスから政党リーダーによるガバナンスへの変化を説明するのに役立つことが、本章の議論を通して明らかになった。政治の大統領制化論は、大統領制と議院内閣制との対比を主たる関心としているのではないし、首相の大統領化や大統領的首相といった点だけに焦点を絞って論じているのではない。大統領制化論は、そのネーミングにおいてインパクトをもつが、同時に、偏った見方による批判を招きかねないという特徴も併せもっている。

ポグントケとウェブによって大統領制化論が体系的にまとめられ、最初に書物として公刊されたのは、二〇〇五年のことであった。同書は、一四の先進工業民主主義諸国の事例に注目し、基本的に同一の分析枠組みにしたがって、現在の民主主義諸国に共通した現象として、政治の大統領制化がみられることを指摘した。同書の内容をめぐっては、世界各国で、理論的にも経験的にも多くの議論がなされ、肯定的な評価とともに否定的な評価もなされた。我が国でも、同書刊行後の早い時期から注目を集め、的を射た評価がみられる一方、他方では、大統領制化という言葉が独り歩きしている様子もみられた。

大統領制化論は、現代における民主主義諸国で共通してみられる政治現象を体系的に捉えようとしているところに特徴がある。そのため、大統領制化論を執政制度論としてのみ捉えたり、政策過程における首相や大統領の地位や役割に限定した視点から捉えたりするよりも、広く現代民主主義におけるガバナンスの問題として捉えたり、政党政治の新しい分析視角として捉えることにより、その意義を改めて理解できるように思われる。

5　政党と政党研究

政党の歴史をふりかえると、政党が平たんな道のりを歩んできたわけではないことが明らかである。制限選挙において、初めて政党が選挙に登場した頃は、政党に対する否定的な見解が示され、民主主義と政党とは相容れないとされていた。ともすれば、政党は悪者扱いされていたのであるし、棘の道を歩みながら政党の歴史は進んできたといえる。その後、政党が政治の中心に位置し、主要なアクターになったとしても、常に批判の的であったことに変わりはないし、過去数十年の選挙結果であれ、新聞記事などメディアの情報であれ、政党が褒められることなど、ほとんど皆無に等しい状態が続いてきた。

政党が常に批判されながらも、現在まで生き延びられたのは、単に生命力が強かっただけではなく、漸進的に変化してきたからなのかもしれない。現時点で、政党の機能が何かを考えようとすると、政党が以前に果たしていた機能が何であったか、現在はどのような機能を果たしているかという点から判断し、政党の機能低下を指摘し、政党衰退論を展開するのが最も容易な方法である。政党組織についても同様に、大衆政党や包括政党の頃をモデル化し、そこから逸脱してしまった政党を問題視するのは容易な見方である。

しかし、たえず現実政治が変化し続けている以上、政党もまた変化し続けることは当然である。過去のある時点に提起された分析の枠組みのまま現在の政党や政党を取り巻く環境を観察して、政党政治に対する悲観的な見方を繰り返しているだけでは、政党研究に発展は望めない。政党が今もなお存在し、政治の中心でみられることも事実である。ただ、かつてのように、選挙での政党間競合のみが民主主義の行方を左右した時代とは異なっているのは確かである。政党はどこへ行くのであろうか。政党は、明示的にも黙示的にも、漸進的な変化を遂げつつあり、この先数十年後にはまた、新たなモデルによって捉えられるようになっているかもしれない。

　これまで政党研究は、現実に合わせて政党が変化する様子を捉えながら蓄積されてきた。政党衰退論が提示された後も、政党が存続してきたありさまは、カルテル政党や大統領制化などの点から説明がなされてきた。これから先も政党研究は、たえず現実の変化を視野に入れつつ、理論の検討を行っていく必要があるといえよう。

注

（1）たとえば、以下を参照。Sartori（1976=2000: 15); Schattschneider（1942=1962: 41); Epstein（1967: 9); Sartori（1976=2000: 111)。

（2）カルテル政党論は、政党組織論の系譜に位置するものとして議論される場合もあるし、政党の役割にかかわる議論において言及されることもある。また、カルテル政党モデルの現実への適用に関する研究もなされており、ヨーロッパの政党研究においては、数多くの蓄積がなされている。

（3）本節での議論に関連したものとして、岩崎（2019）を参照されたい。また、併せて Poguntke and Webb（2005）も参照。

（4）本章で用いる「ガバナンス」概念の規定は、以下の論考より示唆を受けている。詳しくは、曽根（2011）を参照されたい。

（5）政党と政党システムに関する先行研究については、たとえば、以下を参照。岩崎（1999; 2002; 2011a)。

（6）この点については、Poguntke and Webb（2005: 5=2014: 7-8）を参照されたい。

8　政党政治と民主主義の変容

1　「政党政治」と「民主主義」

「政党政治と民主主義の現在」について考える際には、「政党政治」に注目するとともに、「民主主義」にも注目する必要があるし、さらに、「現在」を意識する必要もある。政党政治と民主主義との関係を語る場合は、ともすれば、「民主主義」を所与のものとし、「政党政治」の「現在」のみに焦点を向けて論じることで、政党政治と民主主義の現在を考えたような気になってしまう危険がある。

ときには、政党政治が民主主義であるかのようにみられたり、逆に、民主主義が政党政治であるかのようにみられたりすることもある。両者が異なる概念であるとはいえ、ときには相互補完的な関係をなし、ときには互いに乖離した関係にあることを示す場合もある。

両者の関係は、どのように捉えられるのであろうか。政党政治と民主主義は一体の関係にあるものなのか。場合によっては、両者が同義語となることもあるのだろうか。それとも、両者を同等に扱うことは不適切であろうか。両者の関係を考えるには、競合的な政党システムに目を向け、そこで繰り広げられる政党同士の相互作用に注目する必要がある。民主主義においては、競合性（competitiveness）を欠くことはできないし、複数政党による競合が前提となる。(1)

現在に至るまで、政党政治が民主主義とのかかわりによって発達し、変容を遂げてきたことを鑑みると、両者を切り離して捉えることは、政党という「木」だけをみて、民主主義という「森」をみない議論になりかねない。「木」と「森」とを一緒に眺めることが政党政治と民主主義の現在を考えることになる。したがって、「政党政治」と「民主主義」との間を接続している「と」の部分が重要になる。

ここでいう接続の「と」は単に「政党政治」と「民主主義」を並べるだけの役割を果たすのではなく、両者の関係に注目する意義があることを示している。「森」のなかに「木」があり、個々の「木」によって「森」が成り立っているのであるから、民主主義においては、さまざまな政党が存在することで、政党間の相互作用をなすのであり、それによって政党システムが形成され、民主主義が存続する。

比較政治学においては、これまで多くの研究が政党政治に注目してきた。政党政治の研究は、比較政治学の基本的なテーマの一つであり、その中心に位置してきた。しかし、比較政治学の発展にともなって、研究テーマは細分化し、政党政治の研究は、消滅したわけではないとしても、かつてのように、舞台の中心で脚光を浴び続けているテーマではなくなり、徐々に、たくさんある研究テーマのうちの一つという位置づけになってしまったようにみえる。そうはいっても、現在の民主主義においても政党政治はみられる現象であるし、政党政治が他の何かに取って代わられたのではないし、直ちに政党政治が終焉を迎えそうだというわけでもない。

政党研究の系譜をふりかえり、オストロゴルスキー（Moisei Ostrogorski）、ミヘルス（Robert Michels）、デュベルジェ、シャットシュナイダー、ノイマン、キルヒハイマー、サルトーリ、カッツ、メアなどの業績をみると、これらの議論の多くが政党政治と民主主義とのかかわりを意識しており、常に、そのときどきの民主主義の「現在」を映し出しながら政党政治を論じてきたことがわかる。(2) いいかえると、従来、政党研究は、政党政治と民主主義の変容を取り扱ってきたのであり、その時々の「政党政治と民主主義の現在」を論じてきたのである。

本章は、政党研究の系譜をたどりつつ、これまでの政党論が民主主義の変容をいかに論じてきたか、また、政党研究の今後の方向性はどのようなものかについて検討することを目的とする。(3)

2 政党政治と民主主義の関係

従来、政党研究においては、多くの論者によって、政党そのものの定義や政党システムの定義がなされてきた。政党の研究者にとって、政党とは何かという問題は、政党研究の出発点であるとともに、終着点でもあるように思われる。時代の変化とともに、政党とは何かという問いかけが提起され、その時々にみられる現実の政党の姿が念頭に置かれ、政党は規定されてきた。

民主主義の定義も同様に、時代の変化とともに歩んできた(4)。民主主義の概念もまた、政党の概念のように、その時々の現実を反映しながら規定されてきたのであり、ある時点における定義づけが一定程度の影響力をもつとしても、それが永続的に説明能力をもち続けると考えることはできない。民主主義理論においては、民主主義とは何かについて、これまでにさまざまな議論がなされており、たとえば、競合的エリート民主主義モデルが一方で支持されたとしても（Schumpeter 1942)、他方では、参加民主主義モデルをはじめ（Pateman 1970)、批判的ないし代替的なモデルが数多く提起されてきた。民主主義とは何かという問題は、今もなお論争的であり、容易に決着することはない。

政党政治と民主主義との関係を考えるためには、これまでに蓄積されてきた主要な議論を整理するとともに、全体像を把握することが有用であり、それ自体に意味があることだと思われるが、紙幅の都合上、ここでは過去の蓄積に関する詳細な検討を行うことは不可能である。そのため、本章では、「政党政治」と「民主主義」という二つの概念については、両者の関係性という点を重視して過去の研究蓄積をふまえ、次のように規定する。

まず、民主主義とは、政党間競合がみられる場（いいかえると、器ないし舞台装置）として捉える。この規定は、民主主義そのものを政党間競合がみられる空間に限定しており、民主主義本来の姿からすると、あまりに一面的であり、政党政治を論じるのに都合のいいフレーズになっているのは明らかである。既存の民主主義理論は、民主主義の他の側面も考慮に入れており、政党だけを重視しているわけではない。そのため、本章における民主主義の規定は、民主主義理論において取り扱われるような定義の水準に達しているとは言い難い。しかし、ここでは、政党政治と民主主義の現在を考えるための議論の出発点を整えることが目的であり、両者の関係性を重視してそれぞれを規定することに意味がある。

これまでの政党研究において、政党政治という概念を明確に定義づけたものは意外なことにあまりみられない。政党という概念は、ある一つの政党を説明することができるとしても、政党政治そのものを説明するわけではなく、政党という概念と政党政治という概念とが置き換え可能な関係にあるわけでもない。政党政治という概念は、政党にかかわる政治現象のほとんどを包含する概念として用いられている。

政党政治という用語が意味するのは、個々の政党であったり、政党間の相互作用であったり、政党にかかわるあらゆる事柄を指すことが多い。政党間の相互作用は、政党システムと表現されることもあるが、政党システムが政党政治そのものを反映した空間であることは明らかである。たとえば、二党制における異なる二つの政党にそれぞれ注目して議論したとしても、それ自体が政党政治を論じることになるし、一党優位政党制における優位政党が長期にわたり、どのように政権を担い、他の政党と競合してきたかについて論じることも政党政治を論じることになる。

そのため、政党政治とは、政党が生息する領域として規定できるのであり、具体的には、選挙、議会、政府、社会などを政党の生息領域として位置づけることができる。民主主義との関連でいえば、選挙でみられる政党間競合、議会でみられる政党間競合、政府でみられる政党間競合、社会でみられる政党間競合に注目することにより、政党政治と民主主義との関係を考えることができる。従来の政党研究においては、「選挙における政党」、「議会における政党」、「政府における政党」というように、政党の生息領域ごとに焦点を絞り、政党政治を論じることがあった。とりわけ、米国の政党研究では、これら三つのレベルで政党を分析し、それぞれのレベルにおける政党の活動を取り扱ったものがみられる(5)。その場合には、「社会における政党」に焦点が向けられることはなかった。この点は、米国の政党研究とヨーロッパの政党研究との違いを示している一つの特徴である。

ヨーロッパの政党研究では、たとえば、「凍結仮説」に代表されるように (Lipset and Rokkan 1967)、政党と社会とのかかわりを論じる傾向が強く、選挙、議会、政府の三つに加え、社会も政党の生息領域として論じられる。ヨーロッパの場合は、米国と比べて政党政治の歴史が古いという点もあるが、政党政治の歴史にせよ、ヨーロッパの民主主義が政党政治とのかかわりにおいて発展してきたという伝統にせよ、政党研究の事例の豊富さや視点の広さを特徴としている。

政党政治の歴史をみると、政党の誕生は、国家権力の内側ではなく、社会の側であったことが明らかである。政党は、社会から発生したものであるが、誕生時は公的な存在ではなく、私的な存在として登場し、選挙を通じて正統性を獲得し、政治権力を手にすることで公的な存在となる。政党が社会から国家へと足場を変えることにより、私的な存在が公的な存在へと変貌する。誕生時から政党が選挙、議会、政府の三つの領域だけを活動の場としていたのではなく、社会を第一の活動の場としていた。政党は、社会における支持基盤との日常的なつながりをもとに活動していた。「社会における政党」は、やがて「選挙における政党」へと活動の場を広げ、選挙で議席を獲得することによって「議会における政党」となり、さらに、「政府における政党」へと生息領域を拡大した。

この点は、政党が公的な存在か、それとも私的な存在かという論点につながる。数世紀にわたり、政党は、議会制民主主義を支える中心的なアクターとされてきた。議会制民主主義は、社会の側から発生した私的な存在に選挙を通じて正統性を付与し、公的な存在に仕立て上げるという仕組みであった。政党は、選挙で有権者の利益を集約し、議会に反映させる役割を担ってきたのであり、政党のもつ正統性は、社会の側にある有権者の民意を代表し、議会に伝えることができる独占的な地位に与えられたものである。

政党が発生した領域に目を向けると、政党は私的な存在であるという見方になるが、国家権力との関連で政党をみる限り、政党は公的な存在であるという見方になる。「社会における政党」という見方をすると、政党が私的な存在という側面をもつことがわかるとしても、「選挙における政党」、「議会における政党」、「政府における政党」という見方をすると、政党の公的な存在という側面しか把握することができない。そのため、政党の生息領域のどこに注目するかにより、政党の位置づけについての理解が異なってくる。

このように考えてくると、政党の性格や位置づけは、論者ごとに異なるし、時代ごとに異なっていることがわかる。それでは、「現在」において、政党という概念をどのように理解したらいいのであろうか。政党政治と民主主義の現在は、どのように考えることができるのであろうか。いいかえるなら、現在の政党政治がみられる場を、どのように捉えることができるのであろうか。

これらの問いかけに対する回答は容易に導き出すことができない。政党研究は、論者がどのような立場をとるかによって結論が異なる。論者ごとに異なる方向性を提示するため、たとえば、政党政治と民主主義の現在を肯定的に捉える立場もあれば、否定的に捉える立場もある。あるいは、両極端の異なる立場が同時に存在する可能性もある。また、政党政治のどの側面に注目するかによっても、見方は異なってくる。

3　政党研究の系譜

(1)　政党研究の二つの系譜

これまでの政党研究の蓄積を大別すると、二つの系譜に分けることができる。一つは、政党組織論の流れであり、もう一つは、政党システム論である。

政党組織論は、一九世紀の制限選挙に際し、名望家からなる幹部政党（ないしエリート政党）が登場した時代の政党組織のタイプをはじめ、二〇世紀の普通選挙制の導入により、大衆政党が台頭し、政党が民主主義の中心に位置した時代の政党組織のタイプ、さらに、二〇世紀後半以降に政党の衰退が指摘されてからの政党組織のタイプなどのように、歴史的に政党組織の変容を説明してきた。一九世紀から二一世紀の現在に至るまで、政党組織論は、民主主義の歴史的な移り変わりを視野に収めつつ、政党組織の変容を解明してきたのであり、まさに、政党政治と民主主義について、その時々の「現在」を論じてきた。

他方において、政党システム論では、二党制や多党制というように、デュベルジェやサルトーリらに代表されるような政党システムのタイポロジーをはじめ、リプセットとロッカンによる「凍結仮説」のような政党システムの形成や、ペデルセンやメアなどによる政党システムの変化が主な論点として取り扱われてきた。政党システム論もまた、民主主義との関連において、政党政治について議論を行ってきた。たとえば、政党システムのタイポロジーでは、競合性の有無が類型化の基準の一つとして取り扱われており、非競合的な政党システムと競合的な政党システムとの区分は、民主主義における政党システムか否かを分けることになる。この点は、民主化と政党システムとのかかわりにも結びつく論点であり、政党システムの形成と変容にも密接に関係している。

リプセットとロッカンの議論においては、ヨーロッパにおける民主主義の発展と、政党システムの形成とのかかわりに焦点が向けられており、制限選挙から普通選挙制の導入へと至る歴史的な変遷が異なるタイプの政党の誕生をもたらし、競合的な政党システムの形成へとつながったことを明らかにしている。競合的な政党システムは、有権者と政党との長期にわたる安定的な関係によって成り立っており、両者の関係が「凍結」しているかのように理解された。しかし、二〇世紀後半になると、「凍結仮説」の有効性が疑問視されるようになった。一方で、一九七〇年代以降においても「凍結仮説」が有効であるという主張がみられたとしても、他方では、選挙ヴォラティリティで示される数値の増減を根拠として、「凍結仮説」の有効性を問う議論がなされるようになり、政党システムの変化に多くの注目が集まるようになった。

政党システムの変容は、二〇世紀後半の政党衰退論とも相俟って、その後の政党政治と民主主義とのかかわりに新たな方向性をもたらした。議会制民主主義において、政党が中心に位置するという前提は疑問視されるようになった。具体的には、党員数の減少や無党派層の増加、投票率の低下などとの関連から政党の衰退が論じられ、有権者と政党との従来の結びつきに変化が生じ、再編成や脱編成とされる現象が顕在化し、選挙ヴォラティリティの高さも目立つようになった（Dalton and Wattenberg 2000）。競合的政党システムにおける政党のカルテル化や、先進工業民主主義諸国において関心が向けられた政治の大統領制化などの現象は、現在の状況を捉えたものである(6)。

政党システム論は、第二次世界大戦後の比較的に早い時期にみられたようなタイポロジーの精緻化ではなく、政党システム変化へと関心を移し、今へと至っている。現在の政党システム論は、多くの研究業績が現実の民主主義諸国における政党政治の変容に注目しており、それらの国々で選挙が定期的に行われ、その結果として各国の政党システムに変化がみられることを論じているに過ぎない。政党政治と民主主義とのかかわりという点から考えると、それ自体は的外れな議論ではないし、現在の状況を照らし出しているという意味では、むしろ適切な議論だといえる。しかし、政党システムに関する各国事例の研究蓄積が進んだとしても、どのように「現在」を捉えたらいいのかという普遍的な議論を行うための視点を欠いていたのでは、政党研究が小康状態のままに時間が過ぎるばかりである。

このような研究状況をみわたすと、カルテル政党論や大統領制化論などは、政党政治と民主主義の現在を考えるのに有用な手掛かりを与えてくれることがわかる。また、多数代表型（majoritarian）民主主義と合意形成型（consensus）民主主義という二つのモデルの対置は、民主主義のパターンと政党システムのタイプとの組み合わせについて論じており（Lijphart 1984; 1999; 2012）、参照に値する。(7) レイプハルトは、多数代表型民主主義において二党制がみられ、合意形成型民主主義において多党制がみられることを指摘しているが、この点は、民主主義がどのようなタイプであるかという点と、政党システムがどのようなタイプであるかという点との結びつきを説明しており、政党政治と民主主義とのかかわりをパターン化した視点である。しかし、レイプハルトの議論が二つのパターンを提示しているだけであり、静的な議論に留まっていることは否めない。

表 8-1　政党政治と民主主義とのかかわり

時期	民主主義	政党政治	主な政党研究（政党研究者）	特徴
19 世紀	制限選挙	幹部政党の誕生	オストロゴルスキー、ミヘルス	反政党の時代
20 世紀前半	普通選挙制の導入	大衆政党の台頭	デュベルジェ	政党中心の時代
20 世紀半ば	第二次世界大戦後の民主化の時期	包括政党の登場	キルヒハイマー	
		凍結仮説	リプセット＆ロッカン	
20 世紀後半	議会制民主主義の転換点		サルトーリ	
1970 年代	選挙ヴォラティリティ増加		ペデルセン	政党終焉の時代（?）
1990 年代	無党派層の増加	カルテル政党の顕在化	カッツ＆メア	
2000 年代		大統領制化の顕在化	ポグントケ＆ウェブ	
2010 年代	議会の外での民主主義の可能性			議会制民主主義の限界（?）

これまでの政党研究から明らかになるのは、政党政治にせよ、民主主義にせよ、時代とともに変化しており、ある時点の見方がそのまま存続するとは限らないという点である。ある見方が一時的には支配的であったとしても、現実政治の変化により、時代遅れのものとなり、現実を的確に捉えることができなくなったり、新しい見方に対して既存の見方がそれまでの支配的な地位を明け渡すことになったりすることは、日常的なことであり、比較政治学における他の研究テーマと同様に、研究が蓄積されていく過程であるとともに、

研究が進展していく過程の一部をなしている。

(2) 政党政治の展開

議会制民主主義において、政党政治は、一九世紀から現在に至るまで三回にわたり、大きな節目を経験してきたが、現在は、四回目の節目を迎えているように思われる。それぞれの時期区分は、一九世紀の反政党の時代、二〇世紀前半の政党中心の時代、二〇世紀後半の政党衰退の時代、さらに、現在のように、議会制民主主義が限界を迎えているかのような様相を提示している時代となる。

まず、反政党の時代は、制限選挙の際に、幹部政党が誕生したときであり、政党に対して懐疑的な見方がとられていた。オストロゴルスキーのように、政党が民主主義とは相容れない存在であるとか、ミヘルスのように、政党が民主主義における障害物であるという見方が有力であった。当時は、政党がある争点に対する特定の立場を代表する集団であること自体が民主主義とは相容れないとされ、一人の政治的リーダーを中心にまとまった集団であることさえ宗教的な団体であるとか、黒幕による支配になりかねないといった点から批判されていた。

幹部政党は、少数のエリートから構成されており、近代的な組織構造というよりも、ゆるやかな結びつきによる個人的な組織であった。幹部政党が誕生したのは、制限選挙の時期であり、選挙権も被選挙権も限られた人々に与えられていたため、インナーサークル的な色彩を帯びた組織であっても政党として成り立った。

二〇世紀になると、普通選挙制の導入により、大衆が政治に参加するようになり、民主主義に転換点が訪れた。使い古された表現にしたがうなら、「大衆民主主義」の時代が到来したのである。それ以前の幹部政党とは異なり、大衆政党と表現される新たなタイプの政党が台頭した。幹部政党と大衆政党との対置は、デュベルジェをはじめ、ソーロフ（Frank J. Sorauf）、エプスタイン、ライト（William E. Wright）などによっても用いられている[8]。

政党は、有権者の利益代表という役割を一手に引き受け、社会と国家とを媒介する唯一の存在として君臨した。政党の果たす機能は、代表機能だけではなく、多岐にわたるものがあるとされた。たとえば、選挙に際しては、候補者の調達や支持者の動員など選挙全般にかかわる機能を果たし、日常的には、大衆に対する情報提供をはじめとする政治教育を行うことで、政治的社会化の機能を果たした。また、政策形成や政策決定のように、政策過程にかかわる一連の機能も政党が果たすとされた。

民主主義は、政党中心に動いているかのようにみえた。二〇世紀半ばになっても、政党は、民主主義の中心に位置して活動しており、大衆政党が徐々に性格を変え、包括政党となった。包括政党という概念は、キルヒハイマーによって一九六六年に提起され、その後も政党を理解する際に用いられるようになった。包括政党は、現在でも政党の性格を理解するのに役立つ概念となっている。大衆政党と包括政党という二つのタイプは、有権者との関係という点で大きく異なる。大衆政党は、支持基盤が明確であり、有権者との結びつきが密接であった。たとえば、社会主義政党が貧しい労働者階級に属する有権者から支持を受け、彼らの利益を代表したり、保守政党が旧来の地主階級や商工業の経営者などの利益を代表したりするなど、各政党の支持基盤は、有権者の社会的属性が根幹をなしていた。政党のメンバーシップが明確に規定され、党員数が一定程度は確保され、安定した数で推移していた。

それに対して、包括政党は、選挙における得票の最大化を企図しており、その政党が掲げてきたイデオロギーや政策的な立場にしばられることなく、少しでも多くの有権者からの支持を獲得するために、自らの立場を変更することをいとわない。包括政党にとって政党メンバーシップは厳格ではなく、党員数の増減よりも、選挙での支持の多寡が重要な基準となる。もちろん、包括政党にも党員が所属しているとはいえ、厳格にメンバーシップが定められているというよりも、その時々の政策を支持する人びとの多さが重視されるようになった。有権者と政党との関係は、ゆるやかな結びつきとなり、有権者は、一貫して特定の政党を支持するのではなく、選挙で示される政策の内容を判断して、支持するか否かを決めるようになった。

その結果として、政党は、選挙における支持の拡大に向けた活動を重視するようになり、従来型の広報活動ではなく、ラジオやテレビなどのマスメディアを利用した選挙運動を展開するようになった。この点は、現在の政党が選挙での得票最大化のために、既存のマスメディアだけでなく、インターネットやSNSなどのICT利用を重視するようになったことにつながる。現在みられるような政党の活動は、二〇世紀半ばの時点で包括政党にみられた特徴を原型としており、政党が一貫した支持を獲得し続けようとする努力をしなくなった当時の影響が現在にも結びついているように思われる。

二〇世紀の終わりが近づくと、党員数の減少や選挙ヴォラティリティの数値の増加、無党派層の増大や選挙での低投票率などが顕在化した。現在では、既存の政党がカルテル政党化したことにより、政党が有権者から乖離した存在となり、国家の一機関として存続するようになったと考えられている。(9) 当初、政党は、社会の側から私的な存在として誕生し、二〇世紀の半ば過ぎまでは、有権者との一貫した密接な結びつきを重視し、有権者の利益代表という役割を果たすことで存在意義を保ってきた。しかしながら、二〇世紀の半ば以降、政党は、一貫した立場をとりながら、有権者との強い結びつきを保持しようとするよりも、その時々の多数派の選好を汲み取りながら、得票の最大化を企図してきた。その結果として、政党は、有権者との結びつきを弱めることになり、かつてのように、有権者から一貫した支持を獲得できなくなった。それでもなお、政党が生き長らえているのは、一方で、政党助成による支援があるからであり、(10) カルテル化することにより、政党の生息領域がこれまで通り維持されているからである。

二〇世紀後半以降は、政党衰退論が語られ、政党終焉の時代が到来したかのようにみえはじめた。政党そのものの動向をみていると、政党のタイプが大衆政党から包括政党へと移行した頃からあまり変化がみられず、当時の特徴が原型となって今に至っているようである。当時から政党は、選挙での得票最大化、有権者とのゆるやかな結びつき、マスメディアの重視という特徴を示しており、現在では、これらの点がますます色濃くなっている。同時に、これらの点が有権者と政党との結びつきをさらに弱めることになり、社会から政党が乖離していったことも否めない。

かりに、政党が変わらずに存続しようとしたり、政党の意図に反して変わることができずにいたりしたとしても、政党を取り巻く環境は大きく変わっている。政党が自らの変化を認識せず、思考や行動のパターンに変わりがないとしても、たとえば、有権者との関係や、実際に政党の果たす役割が変わってきているのは明らかである。したがって、個々の政党も変化したのであり、政党政治が変化してきたことも確かである。

二〇世紀半ばから後半にかけて、さらに、二一世紀への転換点において、民主主義が劇的に変化を経験したことは明らかである。政党政治が変わらずとも、民主主義が変わったとすれば、両者の関係は変わらざるを得ないし、政党政治に変化があったとすれば、民主主義にも影響が及ぶことになる。

4　政党研究の今後

政党政治と民主主義とのかかわりは、その時々の「現在」を反映しながら、変容してきた。それでは、現時点における政党政治と民主主義の「現在」を考えるとともに、この先の方向性を考える際には、どのような点を考慮に入れる必要があるのだろうか。この点に関して、主に二つの点を指摘して、本章を締め括ることにしたい。

まず、政党と民主主義とのかかわりを考える際に、今後も引き続き、議会制民主主義という枠組みで考え続けることが適切なのかという点である。議会制民主主義において、政党は、選挙での競合を通じて正統性を獲得し、政権を獲得してきた。競合的な選挙は、民主主義の十分条件ではないとしても、必要条件であり、政党政治にとっては、欠くことのできない舞台装置であり続けてきた。これまでは、選挙を中心とした枠組みにおいて、政党政治を考えてきたが、今後もそのような見方のままでいいのかという点は再考に値する。

今日では、民主主義理論と実際とにおいて、討論ないし熟議民主主義への関心が高まっている。理論においては、さまざまな研究蓄積がみられるようになっているし、多くの国々で討論型世論調査が実施されるようになっている。討論ないし熟議民主主義が民主主義の現在に影響を及ぼしているのは明らかである。政党政治が民主主義とのかかわりをもつ限り、政党政治が討論ないし熟議民主主義とかかわりをもたないままでいたり、それとは別の世界に棲み続けようとしたりするのは、必ずしも現実的ではない。少なくとも、従来の議会制民主主義のメカニズムとは異なる仕方で、民主主義を模索しようという流れがあり、議会制民主主義が不変であるとはいえない。

また、世界各地で数多くみられるように、国民投票や住民投票も、定期的な選挙とは異なり、その時々に重要な争点に関する民意を反映する機会として位置づけられる。国民投票や住民投票と選挙とでは投票の内容も異なるし、民主主義における位置づけという点でも性格が異なる。現在の民主主義は、数年に一度の選挙だけが民意を表す機会だというのではなく、必要に応じて民意を問う機会が設けられている。

さらに、ICTの発達により、政治参加の機会や手段が増加し、電子ツールを利用したかたちの民主主義の可能性も高まっている。既に、「eデモクラシー」という言葉が普及しており、実際に、政党や政治家が日常的な政治活動だけでなく、選挙運動でもICTを利用したり、有権者が政治的な情報を入手したり、何らかの情報を発信したりするのにICTが用いられている。選挙そのものが電子投票によってICT利用を実現していることも、民主主義の現在の姿である。

したがって、議会制民主主義を前提として、政党政治と民主主義とのかかわりを論じるだけでは不十分であり、これまで以上に、議会外での民主主義にも目を向ける必要が出てきているといえそうである。ついでにいえば、この点は、民主主義を一国で完結するものとして捉え続けていいのかという論点にもつながる[11]。

第二に、カルテル政党にみられるように、政党が社会の側から発生した私的な存在から国家の側に位置する公的な存在へと変わったことにより、現在の政党をどのように捉えるかという根本的な問題が挙げられる。いいかえると、政党をどのように定義づけるかという問いである。

かつてのように、政党が多様な機能を果たしているのではなく、選挙での機能に特化して役割を果たすようになっており、政党の統治能力が以前よりも低下している。そうだとしたら、政党の定義は、従来からの規定をそのまま使い続けるよりも、今の状況に適した内容へと修正を加えるなり、代替するなり何らかの対応が必要になる。

果たして現在の政党は、これまでの政党研究が用いてきた定義を用いることで事足りるのであろうか。第一の点で挙げたように、民主主義が変化している状況において、政党の概念については、これまでと同じ定義を使い続けることに違和感は生じないのか。政党の概念が既に学問的には解決済みの論点だというわけではない。実際には、すべての政党研究者の間で合意がなされている政党の定義が存在するのでもない。政党研究の分野では、議会制民主主義における政党政治を前提として議論を展開しており、政党の定義は、既存の思考回路に拘束されている。

数世紀にわたる政党政治と民主主義の変容を眺めると、政党とは何か、現在の政党とは何かがますますわからなくなる。政党が時代ごとに性格を変えてきたのは明らかであり、本章でも言及したように、政党のタイプは、その時々で変化してきた。長い歴史をふりかえると、同じ名称の政党であっても、時代ごとに別物として考えることにより、その政党の本質を適切に理解することができるのではないかとも思われる。

これまで政党は、反政党の時代、政党中心の時代、政党終焉の時代という時代の移り変わりを経験しながら生き延びてきた。この事実は、政党政治が民主主義の変化に適応してきたことを意味しているのであろうか。それとも、あるときを境に政党政治と民主主義との関係は乖離し、そのまま現在に至っているといえるのであろうか。

これらの二つの問いかけは、それぞれ別の角度から一つの同じ現象をみているように思われる。

一方の見方をすれば、政党政治は民主主義の変化に適応してきたのであり、他方の見方をすれば、政党政治と民主主義とは乖離した関係にある。いずれの見方が正しいというわけではない。政党政治と民主主義とのかかわりは、観察する地点によって異なってみえる。論者によっても異なるし、時代によっても、地域によっても、事例によっても異なってみえるのかもしれない。

注

(1) 政党研究においては、以前より政党システムの「競合性」に注目する必要性が指摘されている。たとえば、Dahl (1966); Kolinsky (1987) を参照。
(2) これらについては、以下を参照されたい。Ostrogorski (1902=1982); Michels (1959); Duverger (1951); Schattschneider (1942); Neumann (1956); Kirchheimer (1966); Sartori (1976); Katz and Mair (1995); Mair 1997)。
(3) 本章は、日本比較政治学会二〇一四年度研究大会における共通論題「政党政治と民主主義の現在」における討論内容をふまえ、政党研究の系譜をたどりつつ、これまでの政党論が民主主義の変容をいかに論じてきたのか、また、政党研究の今後の方向性はどのようなものなのかについて検討することを目的とする。
(4) 民主主義理論の変遷については、たとえば、Held (1987) が参考になる。
(5) たとえば、以下を参照されたい。Eldersveld (1964; 1982); Sorauf (1964; 1984)。
(6) たとえば、これらの現象については、以下を参照されたい。Katz and Mair (1995); Poguntke and Webb (2005)。
(7) 民主主義の二つのモデルと政党システムに関して言及したものとしては、たとえば、岩崎 (1999) を参照されたい。
(8) これらについては、たとえば、以下を参照されたい。Sorauf (1964); Epsten (1967); Wright (1970)。

（9）カルテル政党については、既に他所で検討しているため、ここでの詳述を割愛する。この点に関しては、たとえば、岩崎（2002）を参照されたい。

（10）カルテル政党に関しては、政党に対する公的助成が一つの大きな特徴として挙げられるが、政党助成制度は、何ら特殊なものではなく、以前から多くの先進工業民主主義諸国で導入されている。この点に関しては、たとえば、Alexander and Shiratori（1994）を参照。

（11）たとえば、最近の事例では、欧州議会選挙が参考になる。二〇一四年の欧州議会選挙において、イギリス独立党（UKIP）が台頭し、国政選挙で議席を獲得している政党以上の強さを示した。もちろん、国政選挙と欧州議会選挙とでは選挙制度が異なっていたり、政権獲得を問う選挙であるか否かという点が異なっていたりする。しかし、欧州規模で極右勢力が台頭している状況を受け、イギリス独立党が勢力を伸ばしたことは、政党政治と民主主義とのかかわりが一国で完結しているわけではないことを理解する手掛かりになる。

索引

人名

[ア行]

[カ行]

[サ行]

[タ行]

事項

[カ行]

[サ行]

[タ行]

[ナ行]

[ハ行]

[マ行]

[ヤ行]

[ラ行]

参考文献

欧文

Alexander, Herbert E. and Rei Shiratori (eds.) (1994) *Comparative Political Finance among the Democracies,* Westview Press. 岩崎正洋他訳(1995)『民主主義のコスト——政治資金の国際比較』新評論.

Allardt, Erik and Yrjö Littunen (eds.) (1964) *Cleavages, Ideologies and Party Systems: Contributions to Comparative Political Sociology*, Academic Bookstore. 宮沢健訳(1973)『現代政党論』而立書房.

Arian, Alan and Samuel H. Barnes (1974) 'The Dominant Party System: A Neglected Model of Democratic Stability,' *Journal of Politics*, 36 (3): 596-602.

Bardi, Luciano and Peter Mair (2008) 'The Parameters of Party Systems,' *Party Politics*, 14(2): 147-166.

Bartolini, Stefano and Peter Mair (1990) *Identity, Competition and Electoral Availability: The Stabilisation of European Electorates 1885-1985*, Cambridge University Press.

Beck, Paul Allen (1984) 'Patterns of Dealignment,' In Russell J. Dalton, Scott C. Flanagan and Paul Allen Beck (eds.) *Electoral Change in Advanced Industrial Democracies: Realignment or Dealignment?*, Princeton University Press.

Beyme, Klaus von (1985) *Political Parties in Western Democracies*, English translation by Eileen Martin, Gower.

Blondel, Jean (1968) 'Party Systems and Patterns of Government in Western Democracies,' *Canadian Journal of Political Science*, 1(2): 180-203.

Bogdanor, Vernon (1983a) 'Conclusion: Electoral Systems and Party Systems,' In Vernon Bogdanor and David Butler (eds.) *Democracy and Elections: Electoral Systems and their Political Consequences*, Cambridge University Press. 加藤秀治郎他訳(1998)「選挙制度と政党

制」加藤秀治郎編訳『選挙制度の思想と理論』芦書房.
Bogdanor, Vernon (ed.) (1983b) *Coalition Government in Western Europe*, Heineman.
Browne, Eric C. and John Dreijmanis (eds.) (1982) *Government Coalitions in Western Democracies*, Longman.
Budge, Ian and Hans Keman (1990) *Parties and Democracy: Coalition Formation and Government Functioning in Twenty States*, Oxford University Press.
Castles, Francis G. and Peter Mair (1984) 'Left-Right Political Scales: Some 'Expert' Judgments,' *European Journal of Political Research*, 12(1): 73-88.
Crewe, Ivor (1985) 'Introduction: Electoral Change in Western Democracies: A Framework for Analysis,' In Ivor Crewe and David Denver (eds.) *Electoral Change in Western Democracies: Patterns and Sources of Electoral Volatility*, Croom Helm.
Crozier, Michel, Samuel P. Huntington and Joji Watanuki (1975) *The Crisis of Democracy: Report on the Governability of Democracies to the Trilateral Commission*, New York University Press. 綿貫譲治監訳 (1975)『民主主義の統治能力――日本・アメリカ・西欧――その危機の検討』サイマル出版会.
Daalder, Hans (ed.) (1987) *Party Systems in Denmark, Austria, Switzerland, the Netherlands, and Belgium*, Frances Pinter Publishers.
Daalder, Hans and Peter Mair (eds.) (1983) *Western European Party Systems: Continuity and Change*, Sage.
Dahl, Robert A. (ed.) (1966) *Political Oppositions in Western Democracies*, Yale University Press.
Dalton, Russell J., Scott C. Flanagan and Paul Allen Beck (eds.) (1984) *Electoral Change in Advanced Industrial Democracies: Realignment or Dealignment?*, Princeton University Press.
Dalton, Russell J. and Martin P. Wattenberg (eds.) (2000) *Parties Without Partisans: Political Change in Advanced Industrial Democracies*, Oxford University Press.
Deschouwer, Kris (2006) 'Political Parties as Multi-level Organizations,'

In Richard S. Katz and William Crotty (eds.) *Handbook of Party Politics*, Sage.

Dodd, L.C. (1976) *Coalitions in Parliamentary Government,* Princeton University Press. 岡沢憲芙訳（1977）『連合政権考証――政党政治の数量分析』政治広報センター.

Downs, Anthony (1957) *An Economic Theory of Democracy*, Harper and Row Publishers. 古田精司監訳（1980）『民主主義の経済理論』成文堂.

Duverger, Maurice (1951) *Les Partis Politiques*, Librairies Armand Colin. 岡野加穂留訳（1970）『政党社会学――現代政党の組織と活動』潮出版社.

Duverger, Maurice (1964) *Introduction à la politique*, Gallimard. 横田地弘訳（1967）『政治学入門』みすず書房.

Duverger, Maurice (1986) 'Duverger's Law Forty Years Later,' In Bernard Grofman and Arend Lijphart (eds.) *Electoral Laws and their Political Consequences,* Agathon Press. 岩崎正洋他訳（1998）「デュベルジェの法則――四〇年後の再考」加藤秀治郎編訳『選挙制度の思想と理論』芦書房.

Eldersveld, Samuel J. (1964) *Political Parties: A Behavioral Analysis*, Rand Mcnally.

Eldersveld, Samuel J. (1982) *Political Parties in American Society*, Basic Books.

Epstein, Leon D. (1967) *Political Parties in Western Democracies*, Praeger.

Flanklin, Mark N., Thomas T. Mackie and Henry Valen *et al.* (1992) *Electoral Change: Responses to evolving Social and attitudinal Structures in western Countries,* Cambridge University Press.

Flanagan, Scott C. (1984) 'Patterns of Realignment,' In Russell J. Dalton, Scott C. Flanagan and Paul Allen Beck (eds.) *Electoral Change in Advanced Industrial Democracies: Realignment or Dealignment?*, Princeton University Press.

Gamson, William A. (1961) 'A Theory of Coalition Formation,' *American Sociological Review*, 26(3): 373-382.

Grofman, Bernard (1989) 'The Comparative Analysis of Coalition Forma-

tion and Duration: Distinguishing Between-Country and Within-Country Effects,' *British Journal of Political Science*, 19(2): 291–302.

Harrop, Martin and William L. Miller (1987) *Elections and Voters: A Comparative Introduction*, Macmillan.

Held, David (1987) *Models of Democracy*, Polity Press.

Inglehart, Ronald (1977) *The Silent Revolution: Changing Values and Political Styles Among Western Publics*, Princeton University Press. 三宅一郎・金丸輝男・富沢克訳 (1978)『静かなる革命――政治意識と行動様式の変化』東洋経済新報社.

Inglehart, Ronald F. (2018) *Cultural Evolution: People's Motivations and Changing, and Reshaping the World*, Cambridge University Press. 山崎聖子訳 (2019)『文化的進化論――人びとの価値観と行動が世界をつくりかえる』勁草書房.

Karvonen, Lauri and Stein Kuhnle (eds.) (2001) *Party Systems and Voter Alignments Revisited*, Routledge.

Karvonen, Lauri (2010) *The Personalisation of Politics: A Study of Parliamentary Democracies*, ECPR Press.

Katz, Richard S. and Peter Mair (eds.) (1994) *How Parties Organize: Change and Adaptation in Party Organizations in Western Democracies*, Sage.

Katz, Richard S. and Peter Mair (1995) 'Changing Models of Party Organization and Party Democracy: The Emergence of the Cartel Party,' *Party Politics*, 1(1): 5–28.

Katz, Richard S. and William Crotty (eds.) (2006) *Handbook of Party Politics*, Sage.

Katz, Richard S. and Peter Mair (2018) *Democracy and the Cartelization of Political Parties*, Oxford University Press.

Kirchheimer, Otto (1966) 'The Transformation of the Western European Party Systems,' In Joseph LaPalombara and Myron Weiner (eds.) *Political Parties and Political Development*, Princeton University Press.

Knutsen, Oddbjørn (1988) 'The Impact of Structural and Ideological Party Cleavages in West European Democracies: A Comparative Em-

pirical Analysis,' *British Journal of Political Science*, 18(3): 323–352.

Knutsen, Oddbjørn (1990) 'Materialist and Postmaterialist Values and Social Structure in the Nordic Countries: A Comparative Study,' *Comparative Politics*, 23(1): 85–104.

Kolinsky, Eva (ed.) (1987) *Opposition in Western Europe*, St. Martin's Press. 清水望監訳 (1998)『西ヨーロッパの野党』行人社.

Laakso, Markku and Rein Taagepera (1979) '"Effective" Number of Parties: A Measure with Application to West Europe,' *Comparative Political Studies*, 12(1): 3–27.

Lane, Jan-Erik and Svante O. Ersson (1987) *Politics and Society in Western Europe*, Sage.

LaPalombara, Joseph and Myron Weiner (eds.) (1966) *Political Parties and Political Development*, Princeton University Press.

Laver, Michael and Norman Schofield (1990) *Multiparty Government: The Politics of Coalition in Europe*, Oxford University Press.

Lawson, Kay and Peter H. Merkl (1988) *When Parties Fail: Emerging Alternative Organizations*, Princeton University Press.

Lijphart, Arend (1969) 'Consociational Democracy,' *World Politics*, XXI (2): 207–225.

Lijphart, Arend (1982) 'The Relative Salience of the Socio-Economic and Religious Issue Dimensions: Coalition Formations in Ten Western Democracies, 1919–1979,' *European Journal of Political Research*, 10 (3): 201–211.

Lijphart, Arend (1984) *Democracies: Patterns of Majoritarian and Consensus Government in Twenty-One Countries*, Yale University Press.

Lijphart, Arend (1994) *Electoral Systems and Party Systems: A Study of Twenty-Seven Democracies, 1945–1990*, Oxford University Press.

Lijphart, Arend (1999) *Patterns of Democracy: Government Forms and Performance in Thirty-Six Countries*, Yale University Press. 粕谷祐子訳 (2005)『民主主義対民主主義――多数決型とコンセンサス型の36カ国比較研究』勁草書房.

Lijphart, Arend (2012) *Patterns of Democracy: Government Forms and Performance in Thirty-Six Countries*, 2nd ed., Yale University Press.

粕谷祐子・菊池啓一訳（2014）『民主主義対民主主義――多数決型とコンセンサス型の 36 カ国比較研究〔原著第 2 版〕』勁草書房.

Lipset, Seymour Martin（1960）*Political Man: The Social Bases of Politics*, Doubleday and Company. 内山秀夫訳（1963）『政治のなかの人間――ポリティカル・マン』東京創元新社.

Lipset, Seymour Martin（2001）'Cleavages, Parties and Democracy,' In Lauri Karvonen and Stein Kuhnle（eds.）*Party Systems and Voter Alignments Revisited*, Routledge.

Lipset, Seymour M. and Stein Rokkan（eds.）（1967）*Party Systems and Voter Alignments: Cross-National Perspectives*, Free Press.

Lipset, Seymour M. and Stein Rokkan（1967）'Cleavage Structures, Party Systems, and Voter Alignments: An Introduction,' In Seymour M. Lipset and Stein Rokkan（eds.）*Party Systems and Voter Alignments: Cross-National Perspectives*, Free Press.

Lisi, Marco（2018）'Party System Change and the European Crisis: An Introduction,' In Marco Lisi（ed.）*Party System Change, the European Crisis and the State of Democracy*, Routledge.

Maguire, Maria（1983）'Is There Still Persistence?: Electoral Change in Western Europe, 1948–79,' In Hans Daalder and Peter Mair（eds.）*Western European Party Systems: Continuity and Change*, Sage.

Mair, Peter（1983）'Adaptation and Control: Towards an Understanding of Party and Party System Change,' In Hans Daalder and Peter Mair（eds.）*Western European Party Systems: Continuity and Change*, Sage.

Mair, Peter（ed.）（1990）*The West European Party System*, Oxford University Press.

Mair, Peter（1997）*Party System Change: Approaches and Interpretations*, Oxford University Press.

Mair, Peter（2001）'The Freezing Hypothesis: an Evaluation,' In Lauri Karvonen and Stein Kuhnle（eds.）*Party Systems and Voter Alignments Revisited*, Routledge.

Mair, Peter（2005）'Introduction to Sartori's 1967 Manuscript on "Party Types, Organization and Functions",' *West European Politics*, 28(1):

1-5.
Mair, Peter (2006) 'Party System Change,' In Richard S. Katz and William Crotty (eds.) *Handbook of Party Politics*, Sage.
Mair, Peter and Gordon Smith (eds.) (1990) *Understanding Party System Change in Western Europe*, Frank Cass.
Mair, Peter, Wolfgang C. Müller and Fritz Plasser (eds.) (2004) *Political Parties and Electoral Change: Party Responses to Electoral Markets*, Sage.
Merkl, Peter H. (ed.) (1980) *Western European Party Systems: Trends and Prospects*, Free Press.
Michels, Robert (1959) *Political Parties: A Sociological Study of the Oligarchial Tendencies of Modern Democracy*, Translated by Eden and Cedar Paul, Dover Books. 森博・樋口晟子訳 (1973)『現代民主主義における政党の社会学――集団活動の寡頭制的傾向についての研究 (I・II)』木鐸社.
Moury, Catherine (2011) 'Coalition Agreement and Party Mandate: How Coalition Agreements Constrain the Ministers,' *Party Politics*, 17(3): 385-404.
Müller, Wolfgang C. and Kaare Strøm (eds.) (2000) *Coalition Governments in Western Europe*, Oxford University Press.
Müller, Wolfgang C. and Hanne Marthe Narud (eds.) (2013) *Party Governance and Party Democracy*, Springer.
Neumann, Sigmund (ed.) (1956) *Modern Political Parties: Approaches to Comparative Politics*, University of Chicago Press. 渡辺一訳 (1958)『政党――比較政治学的研究 (I)』みすず書房.
Neumann, Sigmund (ed.) (1956) *Modern Political Parties: Approaches to Comparative Politics*, University of Chicago Press. 渡辺一訳 (1961)『政党――比較政治学的研究 (II)』みすず書房.
Ostrogorski, Moisei (1902=1982) *Democracy and the Organization of Political Parties*, 2 vols, Transaction Edition, Edited and Abridged by Seymour M. Lipset, Transaction Books.
Panebianco, Angelo (1988) *Political Parties: Organizations and Power*, Translated by Mark Silver, Cambridge University Press. 村上信一郎

訳（2005）『政党——組織と権力』ミネルヴァ書房.

Pateman, Carole (1970) *Participation and Democratic Theory*, Cambridge University Press. 寄本勝美訳（1977）『参加と民主主義理論』早稲田大学出版部.

Pedersen, Mogens N. (1979) 'The Dynamics of European Party Systems: Changing Patterns of Electoral Volatility,' *European Journal of Political Research*, 7(1): 1–26.

Pedersen, Mogens N. (1983) 'Changing Patterns of Electoral Volatility in European Party Systems, 1948–1977: Explorations in Explanation,' In Hans Daalder and Peter Mair (eds.) *Western European Party Systems: Continuity and Change*, Sage.

Pempel, T.J. (1990) *Uncommon Democracies: The One-Party Dominant Regimes*, Cornell University Press.

Pennings, Paul and Jan-Erik Lane (eds.) (1998) *Comparing Party System Change*, Routledge.

Pennings, Paul (1998) 'The Triad of Party System Change: Votes, Office and Policy,' In Paul Pennings and Jan-Eric Lane (eds.) *Comparing Party System Change*, Routledge.

Poguntke, Thomas and Paul Webb (eds.) (2005) *The Presidentialization of Politics: A Comparative Study of Modern Democracies*, Oxford University Press. 岩崎正洋監訳（2014）『民主政治はなぜ「大統領制化」するのか——現代民主主義国家の比較研究』ミネルヴァ書房.

Pridham, Geoffrey (ed.) (1986) *Coalition Behaviour in Theory and Practice: An Inductive Model for Western Europe*, Cambridge University Press.

Rae, Douglas W. (1967) *The Political Consequences of Electoral Laws*, Yale University Press.

Riker, William H. (1962) *The Theory of Political Coalitions*, Yale University Press.

Riker, William H. (1982) 'The Two-party Systems and Duverger's Law: An Essay on the History of Political Science,' *American Political Science Review*, 76(4): 753–766.

Rokkan, Stein (1970) *Citizens, Elections, Parties: Approaches to the Com-*

parative Study of the Processes of Development, Universitesforlaget.

Rokkan, Stein (1971) 'Nation-Building and the Structuring of Mass Politics,' In S.N. Eisenstadt (ed.) *Political Sociology: A Reader*, Basic Books.

Rokkan, Stein and Derek W. Urwin (1983) *Economy, Territory, Identity: Politics of West European Peripheries*, Sage.

Rose, Richard and Derek W. Urwin (1970) 'Persistence and Change in Western Party Systems since 1945,' *Political Studies*, XVIII(3): 287–319.

Samuels, David J. and Matthew S. Shugart (2010) *Presidents, Parties, and Prime Ministers: How the Separation of Powers Affects Party Organization and Behavior*, Cambridge University Press.

Sartori, Giovanni (1970) 'The Typology of Party Systems: Proposals for Improvement,' In Erik Allardt and Stein Rokkan (eds.) *Mass Politics: Studies in Political Sociology*, Free Press.

Sartori, Giovanni (1976) *Parties and Party Systems: A Framework for Analysis*, Vol. 1, Cambridge University Press. 岡沢憲芙・川野秀之訳 (2009)『現代政党学――政党システム論の分析枠組み〔普及版〕』早稲田大学出版部.

Sartori, Giovanni (1997) *Comparative Constitutional Engineering: An Inquiry into Structures, Incentives and Outcomes*, 2nd ed., Macmillan. 岡沢憲芙監訳・工藤裕子訳 (2000)『比較政治学――構造・動機・結果』早稲田大学出版部.

Sartori, Giovanni (2005a) *Parties and Party Systems: A Framework for Analysis*, ECPR Press.

Sartori, Giovanni (2005b) 'Party Types, Organization and Functions,' *West European Politics*, 28(1): 5–32.

Scarrow, Susan (1996) *Parties and their Members: Organizing for Victory in Britain and Germany*, Oxford University Press.

Schattschneider, E.E. (1942) *Party Government*, Holt, Rinehart and Winston. 間登志夫訳 (1962)『政党政治論』法律文化社.

Schofield, Norman and Michael Laver (1985) 'Bargaining Theory and Portfolio Payoffs in European Coalition Governments 1945–83,' *Brit-*

ish Journal of Political Science, 15(2): 143–164.

Schumpeter, Joseph A. (1942) *Capitalism, Socialism and Democracy,* Harper and Row. 中山伊知郎・東畑精一訳（1962）『資本主義・社会主義・民主主義』東洋経済新報社.

Scott, Ruth K. and Ronald J. Hrebenar (1984) *Parties in Crisis: Party Politics in America,* 2nd ed., John Wiley and Sons.

Shamir, Michal (1984) 'Are Western Party Systems "Frozen"?: A Comparative Dynamic Analysis,' *Comparative Political Studies,* 17(1): 35–79.

Siaroff, Alan (2000) *Comparative European Party Systems: An Analysis of Parliamentary Elections since 1945,* Routledge.

Siaroff, Alan (2003) 'Two-and-a-half-party Systems and the Comparative Role of the "Half",' *Party Politics,* 9(3): 267–290.

Smith, Gordon (1990a) *Politics in Western Europe: A Comparative Analysis,* 5th ed., Dartmouth.

Smith, Gordon (1990b) 'Stages of European Development: Electoral Change and System Adaptation,' In Derek W. Urwin and William E. Paterson (eds.) *Politics in Western Europe today: Perspectives, policies and problems since 1980,* Longman.

Sorauf, Frank J. (1964) *Political Parties in the American System,* Little, Brown and Company.

Sorauf, Frank J. (1984) *Party Politics in America,* 5th ed., Little, Brown and Company.

Strøm, Kaare (1984) 'Minority Governments in Parliamentary Democracies: The Rationality of Nonwinning Cabinet Solutions,' *Comparative Political Studies,* 17(2): 199–227.

Strøm, Kaare (1990) *Minority Government and Majority Rule,* Cambridge University Press.

Strøm, Kaare, Wolfgang C. Müller and Torbjörn Bergman (eds.) (2008) *Cabinets and Coalition Bargaining: The Democratic Life Cycle in Western Europe,* Oxford University Press.

Taylor, Michael and Michael Laver (1973) 'Government Coalitions in Western Europe,' *European Journal of Political Research,* 1(3): 205–

248.

Ware, Alan (1996) *Political Parties and Party Systems*, Oxford University Press.

Webb, Paul (2000) *The Modern British Party System*, Sage.

Webb, Paul (2002) 'Introduction: Political Parties in Advanced Industrial Democracies,' In Paul Webb, David Farrell and Ian Holliday (eds.) *Political Parties in Advanced Industrial Democracies*, Oxford University Press.

Webb, Paul, David Farrell and Ian Holliday (eds.) (2002) *Political Parties in Advanced Industrial Democracies*, Oxford University Press.

Webb, Paul, Thomas Poguntke and Robin Kolodny (2012) 'The Presidentialization of Party Leadership?: Evaluating Party Leadership and Party Government in the Democratic World,' In Ludger Helms (ed.) *Comparative Political Leadership: Challenges and Prospects*, Palgrave Macmillan.

Webb, Paul and Thomas Poguntke (2013) 'The Presidentialisation of Politics Thesis Defended,' *Parliamentary Affairs*, 66(3): 646-654.

White, John Kenneth (2006) 'What is a Political Party?,' In Richard S. Katz and William Crotty (eds.) *Handbook of Party Politics*, Sage.

Wolinetz, Steven B. (ed.) (1988) *Parties and Party Systems in Liberal Democracies*, Routledge.

Wolinetz, Steven B. (2006) 'Party Systems and Party System Types,' In Richard S. Katz and William Crotty (eds.) *Handbook of Party Politics*, Sage.

Wright, William E. (ed.) (1970) *A Comparative Study of Party Organization*, Charles E. Merrill Publishing Company.

Zuckerman, Alan (1975) 'Political Cleavage: a Conceptual and Theoretical Analysis,' *British Journal of Political Science*, 5(2): 231-248.

Zuckerman, Alan S. (1982) 'New Approaches to Political Cleavage: A Theoretical Introduction,' *Comparative Political Studies*, 15(2): 131-144.

邦文

網谷龍介・伊藤武・成廣孝編（2014）『ヨーロッパのデモクラシー〔改訂第 2 版〕』ナカニシヤ出版.
岩崎正洋（1999）『政党システムの理論』東海大学出版会.
岩崎正洋（2002）『議会制民主主義の行方』一藝社.
岩崎正洋（2006）『政治発展と民主化の比較政治学』東海大学出版会.
岩崎正洋（2009）『e デモクラシーと電子投票』日本経済評論社.
岩崎正洋編（2011a）『政党システムの理論と実際』おうふう.
岩崎正洋編（2011b）『ガバナンス論の現在――国家をめぐる公共性と民主主義』勁草書房.
岩崎正洋編（2013）『選挙と民主主義』吉田書店.
岩崎正洋（2015a）『比較政治学入門』勁草書房.
岩崎正洋（2015b）「大統領制化と政党政治のガバナンス」『政治学におけるガバナンス論の現在　年報政治学 2014-II』木鐸社，91-109.
岩崎正洋（2015c）「政党政治とデモクラシーの変容」『日本比較政治学会年報第 17 号　政党政治とデモクラシーの現在』ミネルヴァ書房，57-78.
岩崎正洋編（2019）『大統領制化の比較政治学』ミネルヴァ書房.
岩渕美克・岩崎正洋編（2018）『日本の連立政権』八千代出版.
岡沢憲芙（1988）『現代政治学叢書 13　政党』東京大学出版会.
岡沢憲芙（1997）『連合政治とは何か――競合的協同の比較政治学』日本放送出版協会.
小川有美（2002）「政治社会論」河野勝・岩崎正洋編『アクセス比較政治学』日本経済評論社.
小川有美・岩崎正洋編（2004）『アクセス地域研究 II――先進デモクラシーの再構築』日本経済評論社.
加藤秀治郎編訳（1998）『選挙制度の思想と理論』芦書房.
加藤淳子（2011）「政党と政権」川人貞史・吉野孝・平野浩・加藤淳子『現代の政党と選挙〔新版〕』有斐閣.
加藤淳子／マイケル・レイヴァー／ケネス・A・シェプスリー（1996）「日本における連立政権の形成――ヨーロッパ連合政治分析におけるポートフォリオ・アロケーション・モデルを用いて」『レヴァイアサン』19: 63-85.
加藤淳子＆マイケル・レイヴァー（1998）「政権形成の理論と 96 年日本の

総選挙」『レヴァイアサン』22: 80-105.
金丸裕志（2006）「社会の変化と政党システムの変容」出水薫・金丸裕志・八谷まち子・椛島洋美編『先進社会の政治学──デモクラシーとガヴァナンスの地平』法律文化社.
蒲島郁夫・竹中佳彦（2012）『現代政治学叢書 8　イデオロギー』東京大学出版会.
川人貞史・吉野孝・平野浩・加藤淳子（2011）『現代の政党と選挙〔新版〕』有斐閣.
岸川毅・岩崎正洋編（2004）『アクセス地域研究 I──民主化の多様な姿』日本経済評論社.
小平修（1991）『政党制の比較政治学』ミネルヴァ書房.
桜井陽二（1985）「M・デュヴェルジェ──自由主義とマルクス主義の接点」白鳥令編『現代政治学の理論〔続〕』早稲田大学出版部.
篠原一（1984）「連合政治の理論的諸問題」篠原一編『連合政治 I──デモクラシーの安定をもとめて』岩波書店.
篠原一（2007）『歴史政治学とデモクラシー』岩波書店.
白鳥令・砂田一郎編（1996）『〔現代の政治学〕シリーズ⑥現代政党の理論』東海大学出版会.
杉村豪一（2015）『ヨーロッパ政党政治の再考──社会構造と政策対立の接点』志學社.
砂田一郎（1978）「一党優位型政党システムの安定と変動の諸条件」『東海大學政治経済学部紀要』9: 55-72.
砂田一郎（1990）「政党と政党制の比較政治学──政権交代のダイナミックス」砂田一郎・藪野祐三編『〔現代の政治学〕シリーズ②比較政治学の理論』東海大学出版会.
曽根泰教（2011）「ガバナンス論──新展開の方向性」岩崎正洋編『ガバナンス論の現在──国家をめぐる公共性と民主主義』勁草書房.
高安健将（2009）『首相の権力──日英比較からみる政権党とのダイナミズム』創文社.
成田憲彦（2001）「日本の連立政権形成における国会の論理と選挙制度の論理」『選挙研究』16: 18-27.
新川匠郎（2012）「いかに，ヨーロッパで連立政権は成立しているのか？──連立形成の理論を政党システムに関する研究との対比から再考す

る」『上智ヨーロッパ研究』4: 107-124.
新川匠郎（2013）「西ヨーロッパ諸国に見る過大規模連合の政権と説明モデル――混合研究法から」『上智ヨーロッパ研究』5: 93-115.
新川匠郎（2019）『大連立政権は民主政治の十分条件か――21 か国の比較を通じて』晃洋書房.
西岡晋（2006）「パブリック・ガバナンス論の系譜」岩崎正洋・田中信弘編『公私領域のガバナンス』東海大学出版会.
西川知一編（1986）『比較政治の分析枠組』ミネルヴァ書房.
待鳥聡史（2006）「大統領的首相論の可能性と限界――比較執政制度論からのアプローチ」『法政論叢』158(5・6): 311-341.
待鳥聡史（2012）『首相政治の制度分析――現代日本政治の権力基盤形成』千倉書房.
待鳥聡史（2015）『シリーズ日本の政治 6　政党システムと政党組織』東京大学出版会.
的場敏博（1990）『戦後の政党システム――持続と変化』有斐閣.
的場敏博（2003）『現代政党システムの変容――90 年代における危機の深化』有斐閣.
水島治郎（2016）『ポピュリズムとは何か――民主主義の敵か，改革の希望か』中公新書.
村上信一郎（1986）「一党優位政党システム」西川知一編『比較政治の分析枠組』ミネルヴァ書房.
山本健太郎（2010）『政党間移動と政党システム――日本における「政界再編」の研究』木鐸社.
マイケル・レイヴァー＆加藤淳子（2001）「政権の形成と政党交渉力決定構造：1990 年代の日本の事例をめぐって」『レヴァイアサン』29: 91-112.

著者紹介

岩《いわ》崎《さき》正《まさ》洋《ひろ》

日本大学法学部教授．1965 年生まれ．東海大学大学院政治学研究科博士課程後期修了．博士（政治学）．
主著：『政党システムの理論』（東海大学出版会，1999 年），『ｅデモクラシーと電子投票』（日本経済評論社，2009 年），『比較政治学入門』（勁草書房，2015 年），編著に『ｅデモクラシー』（日本経済評論社，2004 年），『政党システムの理論と実際』（おうふう，2011 年），『大統領制化の比較政治学』（ミネルヴァ書房，2019 年）など．

政党システム

2020 年 2 月 25 日　第 1 刷発行

定価（本体 2600 円＋税）

著　者　岩　崎　正　洋
発行者　柿　﨑　　均
発行所　株式会社 日本経済評論社

〒101-0062 東京都千代田区神田駿河台 1-7-7
電話 03-5577-7286　FAX 03-5577-2803
E-mail：info8188@nikkeihyo.co.jp
振替 00130-3-157198

装幀・徳宮峻　　印刷・文昇堂／製本・誠製本

落丁本・乱丁本はお取り換え致します　Printed in Japan

ISBN978-4-8188-2555-0 C3031

eデモクラシーと電子投票	岩崎正洋著	本体二五〇〇円
電子投票【eデモクラシー・シリーズ第2巻】	岩崎正洋著	本体二五〇〇円
コミュニティ【eデモクラシー・シリーズ第3巻】	岩崎正洋・河井孝仁・田中幹也編	本体二五〇〇円
アクセス比較政治学	河野勝・岩崎正洋編	本体二五〇〇円
アクセス地域研究Ｉ　民主化の多様な姿	岸川毅・岩崎正洋編	本体二八〇〇円
アクセス地域研究II　先進デモクラシーの再構築	小川有美・岩崎正洋編	本体二八〇〇円